Katholische Landfrauenbewegung Freiburg

„Erzähl mir deine Lebensgeschichte"

Biographien von Frauen aus dem ländlichen Raum

Anerkennung und Kommunikation als Chance zu persönlichem Wachstum

Herausgeber:
Katholische Landfrauenbewegung
in der Erzdiözese Freiburg
Okenstraße 15, 79108 Freiburg
www.kath-landfrauen.de

Texte und Redaktion:
Irene Luise Bär, Dieter Fuchs,
Susanne Jörger, Markus Linsig

Mitarbeit:
Ingeborg Dietsche, Elke Heizmann,
Christin Hilß, Ursula Hilß, Beate Holzer,
Maria Kitt-Hönig, Ulrike Maier,
Britta Tummescheit, Martha Weißhaar

Umschlaggestaltung und Satz:
Gabriele Schmidt, Freiburg

Druck:
Freiburger Graphische Betriebe

ISBN: 3-00-014924-4
Katholische Landfrauenbewegung Freiburg (Hrsg.):
Erzähl mir deine Lebensgeschichte,
Biographien von Frauen aus dem ländlichen Raum,
Anerkennung und Kommunikation als Chance zu
persönlichem Wachstum; Freiburg 2004

4. Auflage, Freiburg im Dezember 2005

Herzlichen Dank

an die Frauen, die uns Fotos zur Verfügung gestellt haben. Sie stehen in keinem Zusammenhang mit den in diesem Buch veröffentlichten Lebensgeschichten.

Inhalt

1. Vorwort

Bereits im ersten Jahr nach seinem Erscheinen konnten wir die vierte Auflage unseres Buches in Druck geben. Wir freuen uns und sind auch etwas stolz über die rege Nachfrage und die durchweg positiven Rückmeldungen, die bei uns eingehen.

105 Lebensgeschichten wurden für unser Forschungsprojekt „Frauen fragen Frauen" aufgenommen und wissenschaftlich ausgewertet. Wir wollten durch dieses Projekt Informationen gewinnen, wie Frauen im ländlichen Raum mit gesellschaftlichem Wandel umgehen und welche Angebote die Katholische Landfrauenbewegung ihnen machen kann, um sie darin zu unterstützen. Für dieses Projekt konnte die Katholische Landfrauenbewegung den Sozialwissenschaftler und Psychologen Dr. Dieter Fuchs vom Fachbereich Caritaswissenschaft der Universität Freiburg gewinnen.

In seinem Forschungsbericht zeigt Dr. Fuchs auf, dass Flexibilität und Selbstständigkeit wichtige Voraussetzungen sind, um mit Wandel positiv und gestaltend umgehen zu können und sich nicht als Opfer der Verhältnisse zu sehen. Der Umgang mit Veränderungen ist für Personen einfacher, die persönliche Anerkennung erfahren und sich mit Menschen in ihrem Umfeld über ihre Alltagserfahrungen und Gefühle austauschen können. Den Forschungsbericht können sie auf unserer Geschäftsstelle in Freiburg erhalten.

Für die wissenschaftliche Auswertung war es wichtig, *wie* die Frauen ihre Lebensgeschichte erzählen und weniger, *was* sie erlebt haben. Doch interessiert uns als suchende Menschen auch, was den Frauen widerfahren ist, wie es ihnen gelang, mit diesen Situationen umzugehen und ihr Leben zu bewältigen. 13 Lebensgeschichten hat die Redaktion ausgesucht und in diesem Buch veröffentlicht. Diese Frauen stehen stellvertretend für viele Frauen im ländlichen Raum.

Danken möchten wir sehr herzlich den 30 Biographinnen für ihr großes Engagement: Sie haben sich bereit erklärt, ihre eigene Lebensgeschichte zu erzählen und auf andere Frauen zuzugehen, um diese zu befragen. Sie haben sich Zeit genommen für zwei methodische Schulungen und bewiesen Durchhaltevermögen beim Abhören der Tonbänder und Ausfüllen der Einschätzungsbögen. Ihnen ist es zu verdanken, dass die Erhebung überhaupt möglich wurde.

Unser großer Dank gilt den 105 Frauen in der Erzdiözese Freiburg, die den Mut hatten, ihr Leben zu erzählen und sich den Gefühlen zu stellen, die ihre Lebenserinnerungen weckten. Ihnen ist dieses Buch gewidmet.

Danken möchten wir natürlich auch dem Autor/-innenteam, allen voran Dr. Dieter Fuchs, der mit seiner Kompetenz wesentlich zur Entstehung dieses Buches beigetragen hat, sowie allen, die diese Arbeit mit wertvollen Impulsen weitergebracht haben.

Maria Hensler, Diözesanvorsitzende
der Katholischen Landfrauenbewegung

2. Einleitung

Wir werden in diese Welt geboren ohne unser Zutun. Wir werden in eine bestimmte Familie geboren, in ein bestimmtes gesellschaftliches und religiöses Umfeld. Wir nehmen darin einen Platz ein, bekommen durch unser Geschlecht eine bestimmte Rolle zugewiesen. Dies geschieht alles noch weitgehend ohne unsere eigene Entscheidung. Mit unserer Personwerdung beginnen wir irgendwann, diese Zuweisungen zu hinterfragen, rebellieren dagegen, passen uns an, verweigern oder akzeptieren sie. Wir erreichen Selbstständigkeit in dem Maße, wie stark oder schwach wir uns fühlen, wie viel Rückhalt wir haben, wie sehr wir angenommen oder abgelehnt werden, wie weit oder eng die Spielräume sind, in denen wir uns bewegen.

Die Lebenserzählungen der Frauen in diesem Buch sind Berichte von der Festlegung durch andere hin zum Eigenen, vom Außen zum Innen, von der Abhängigkeit zur Selbstständigkeit. Es sind Erzählungen vom Durchhalten und vom Wachsen an der Bewältigung des eigenen Lebens.

Ihre Lebensgeschichten haben die Frauen in den Jahren 2002 und 2003 für ein Forschungsprojekt der Katholischen Landfrauenbewegung in der Erzdiözese Freiburg und der Albert-Ludwigs-Universität Freiburg erzählt. Dieses Projekt wollte herausfinden, wie Frauen im ländlichen Raum mit Veränderungen und gesellschaftlichem Wandel umgehen, wie sie Probleme und Krisen ihres Lebens bewältigen, was ihnen dabei hilft und wo sie sich Unterstützung gewünscht hätten. Alle Frauen sind katholisch, leben im Südwesten Deutschlands, genauer in der Erzdiözese Freiburg, die in weiten Teilen dem ehemaligen Großherzogtum Baden entspricht. Sie leben an Orten, die laut dem Statistischen Landesamt Baden-Württemberg dem ländlichen Raum zuzurechnen sind. Die Frauen sind zwischen 27 und 82

Jahre alt, leben in Ein- oder Mehr-Generationen-Familien oder alleine. Sie sind Hausfrau, Bäuerin, haben einen Handwerksbetrieb oder arbeiten Teil- oder Vollzeit. Sie stehen vor oder stecken mitten in der Kinderphase oder haben diese schon hinter sich. Weitere Einzelheiten sind im Forschungsbericht nachzulesen, der über die Katholische Landfrauenbewegung zu beziehen ist.

Die Methode des Forschungsprojekts ist bisher einmalig: 30 Frauen, die bisher noch keine Erfahrung mit wissenschaftlichem Arbeiten hatten, wurden als Biographinnen angefragt und eigens für dieses Projekt geschult. Sie erzählten einander gegenseitig ihre Lebensgeschichte und nahmen diese auf Tonband auf. Die Biographinnen suchten nach vorgegebenen Kriterien weitere Frauen in ihrer Region und nahmen deren Lebensgeschichten ebenfalls auf Tonband auf.

Alle 105 Erzählungen zeigen auf beeindruckende Weise, wie die Frauen Herausforderungen ihres Lebens bewältigen. Sie weisen auf persönliche Schwierigkeiten und Krisen hin und können Beispiel dafür sein, welche Strategien hilfreich sind und welche in Sackgassen führen. Jede der Geschichten zeigt, dass wir Menschen danach suchen, unsere Aufgabe im Leben zu erkennen und einen Sinn darin zu finden, unsere Persönlichkeit zu entwickeln und unser Leben zu gestalten.

Viele Probleme, mit denen sich die Frauen in ihren Lebenserzählungen auseinander setzen, sind ähnlich. Die dreizehn Frauen, die in diesem Buch ihre Geschichte erzählen, stehen also stellvertretend für alle 105 Lebenserzählungen. Sie geben Zeugnis für den oft mühevollen, schmerzhaften und trotzdem hartnäckig begangenen Weg der Selbstwerdung hin zu den Persönlichkeiten, die diese Frauen heute sind.

Erzählungen sind immer abhängig vom Kontext, von der Situation, in der sie entstanden sind. Sie geben deshalb eine persönliche Sichtweise wieder und keine immer währende und allgemein gültige Wahrheit. Alle Geschichten sind Einzelgeschichten, die nicht miteinander vergleichbar sind. Sie werden so im Buch wiedergegeben, wie sie erzählt wurden, ohne vorgegebene Fragestellung, ohne inhaltliche Verdichtungen oder Kürzungen und ohne schriftstellerische Eingriffe in den Text. Die einzige Verfremdung der Erzählungen entsteht durch die Übertragung aus dem jeweiligen Dialekt ins Hochdeutsche, um die Anonymität der Erzählerinnen zu sichern.

Aus der enormen Fülle geeigneter Lebensgeschichten wurden schließlich dreizehn Erzählungen nach Erlebnisqualität, Nachvollziehbarkeit und aufgrund der Verschiedenartigkeit von Bewältigungsformen ausgewählt, die diese Frauen im Umgang mit Problemen und Krisen gefunden haben. Die Auswahl der Lebensgeschichten fand also nicht unter dem Kriterium statt, *was* die Frauen jeweils erlebt haben, sondern *wie* sie mit ihren Erlebnissen umgegangen sind. Die vorgestellten Hilfen zur Bewältigung von Lebenskrisen und Problemen basieren auf den Grundlagen und Werten des humanistischen Menschenbildes sowie des christlichen Wertekanons.

Ausgehend von den Lebenserzählungen wollen wir, die wir dieses Projekt begleitet haben, innere Haltungen und Wege aufzeigen, die aus Problemen und Krisen herausführen können und dadurch die Chance bieten zu persönlichem Wachstum. Unsere Absicht ist es nicht, psychische Prozesse zu analysieren oder Psychogramme zu erstellen. Die Ergebnisse des Forschungsprojekts und die abgedruckten Lebenserzählungen zeigen, dass gelingende Kommunikation ein gelingendes, sinnerfülltes Leben ermöglicht. Wir wollen Kommunikation beschreiben und ihre Bedeutung hervorheben, um dazu anzuregen, ein gutes Verhältnis (was nichts anderes ist als gute Kommunikation) zu sich selbst, zu anderen und zu Gott zu finden. Letztlich sind es diese Pole, um die das Leben der beteiligten Frauen kreist, um die wohl unser aller Leben kreist.

2.1 Wandel

Wer sich mit dem ländlichen Raum beschäftigt, stößt seit einigen Jahren unweigerlich auf das Schlagwort „Strukturwandel im ländlichen Raum". Das Forschungsprojekt „Frauen fragen Frauen" wollte untersuchen, ob und wie sich dieser so genannte Strukturwandel auf das Leben der Frauen im ländlichen Raum auswirkt. Auch wenn nur 105 Frauen befragt wurden, sind wir der Meinung, dass die Antworten auf diese Frage durchaus verallgemeinerbar sind. Menschen sind seit Beginn ihrer Geschichte ständigem Wandel unterworfen, auch wenn mancher den Eindruck hat, er ging nie rasanter von statten als heute. Die Frage bleibt, wie Menschen angemessen mit dem Wandel ihrer Lebenswelt umgehen können.

„Die Zeiten ändern sich – das Gute bleibt". Dieser Satz aus der Werbung bringt eine Urspannung unseres Lebens zum Ausdruck: Die Suche nach dem Bleibenden in der Veränderung. Auch wenn wir wissen, dass wir in unserer Welt diesen Wandel ständig erleben, ist in uns doch das große Bedürfnis, festzuhalten, was uns wertvoll ist. Das sind Eigenheiten und Werte unserer Kultur, tief verwurzelte Traditionen, lieb gewordene Gewohnheiten, Beziehungen zu Menschen, die uns wichtig sind.

Das Vertraute gibt uns Sicherheit und Identität. Wir wissen, wo wir hingehören, haben uns unsere Meinung gebildet und uns positioniert in der Welt, die uns umgibt.

2.2 Gesellschaftlicher Wandel als Entwicklungsaufgabe

Wandel heißt: Es findet eine Entwicklung statt. Entwicklung wird heute als Wachstum begriffen, hin zu immer größerer Vielfalt und Komplexität, was auch bedeutet, zu immer größerer Unüberschaubarkeit.

Der ständige Wandel unserer Welt ist eine große Herausforderung für uns, vor allem, wenn er sich in unmittelbarer Nähe vollzieht. Wir empfinden es zunächst als bedrohlich, wenn wir hören, dass der Lebensmittelladen um die Ecke schließt, oder dass unsere Sozialsysteme nicht mehr wie bisher funktionieren. Wenn wir aber angesichts des Wandels im Gefühl der Bedrohung bleiben, versuchen wir folgerichtig, alles zu bekämpfen, was sich verändert. „Nicht, was wir erleben, sondern wie wir empfinden, was wir erleben, macht unser Schicksal aus", schreibt die österreichische Erzählerin Marie von Ebner-Eschenbach.

Es geht also darum, wie wir die Ereignisse wahrnehmen und interpretieren – wir selbst sind es, die den Ereignissen eine Bedeutung geben! Übertragen auf den Wandel heißt das, der Veränderung können wir dann begegnen, wenn wir lernen, unsere Fähigkeiten weiter zu entwickeln, flexibel zu bleiben und selbstständig zu handeln. Wo wir den Wandel nicht mehr gestalten können und keine Einflussmöglichkeiten haben, müssen wir Möglichkeiten finden, ihn anzunehmen. Eine lebensbejahende Grundhaltung, die sich mit dem Wandel grundsätzlich einverstanden erklärt und die Überzeugung, dass wir unsere persönlichen Bedürfnisse ernst nehmen müssen, können uns dabei helfen. Auch für die Gesellschaft gilt, was für den Einzelnen wichtig ist: der Umgang mit Wandel gelingt umso besser, je mehr die Menschen bei allen sie selbst betreffenden Fragen beteiligt sind. An uns als Gemeinschaft ist die Aufgabe gestellt, unsere Mitglieder zu verantwortlichem Handeln zu befähigen und in einem Klima von Mitgefühl und Solidarität unsere sozialen Kräfte weiter zu entwickeln, um unsere Gesellschaft auch zukünftig menschlich zu gestalten.

2.3 Kommunikation

Von einer gelungenen Kommunikation hing der Erfolg des Forschungsprojektes ab. Für die Aufzeichnung der Lebenserzählungen wurden 30 Frauen als Biographinnen unter anderem darin geschult, aktives Zuhören zu lernen, der erzählenden Frau mit Empathie, also mit Anteilnahme, zu begegnen und ihr dadurch ein vertrauensvolles Erzählen zu ermöglichen. Dies war für die Biographinnen umso schwerer, als sie sich während der Aufzeichnung keinesfalls in irgendeiner Weise äußern sollten, sondern ihre Anteilnahme nur durch ihre Mimik ausdrücken durften, um die Struktur der Lebensgeschichte nicht durch Eigenes zu verfälschen.

Den Unterschied zwischen beteiligtem und unbeteiligtem Zuhören kennen wir alle: Anteilnehmendes Zuhören ermutigt uns, Persönliches von uns mitzuteilen, unbeteiligtes Zuhören blockiert uns und lässt uns verstummen. Blicken wir in die Frauenbiographien, dann bestätigt sich, was auch für unser Projekt gilt: gelingende Kommunikation trägt bei zu einem gelingenden Leben.

Sprechen, Schweigen, Zuhören, Gestik, Mimik, Körperkontakt, jede Form von Verhalten ist Kommunikation, oder, wie der Psychologe Paul Watzlawick[1] sagt: „Man kann sich nicht nicht verhalten. Alles Verhalten in einer zwischenpersönlichen Situation hat Mitteilungscharakter." Davon, dass Kommunikation stattfindet und gelingt hängt letztlich unsere Existenz ab, wie Watzlawick deutlich macht: „Wir sind wie eingesponnen in Kommunikation; selbst unser Ich-Bewusstsein hängt (...) von Kommunikation ab. Wir lernen uns selber kennen durch die Rückmeldungen anderer, sie sind sozusagen unser Spiegel. An ihren Reaktionen können wir erkennen, wie wir wirken, was von

[1] Watzlawick, Paul; Beavin, Janet H.; Jackson, Don D.: Menschliche Kommunikation – Formen, Störungen, Paradoxien; Vierte, unveränderte Auflage, 1974 Bern u.a. (Original: New York 1967)

unseren Mitteilungen angekommen ist. Jede Kommunikation bedeutet eine Stellungnahme und der jeweilige Sender bringt damit seine Definition der Beziehung zwischen sich und dem Empfänger zum Ausdruck", sagt Watzlawick.

Jede Kommunikation hat einen Sach- und einen Beziehungsaspekt. Wenn die Beziehungsebene nicht geklärt ist, scheitern oft auch Verhandlungen auf der Sachebene. Ein Beispiel für diesen Vorgang ist folgende Situation: Der Ehemann fragt beim Mittagessen seine Frau: „Was ist das Grüne da in der Suppe?" Sie fährt wütend hoch. Was ist passiert? Die Frau hat die Frage wohl nicht als Bitte um Information verstanden, sondern als Kränkung auf der Beziehungsebene erlebt. Für sie lautet die Botschaft: „Du bist eine schlechte Köchin".

Gelingende Kommunikation, die tatsächlich miteinander in Verbindung bringt, geht allerdings über Methoden und Techniken hinaus, wie sie in Kommunikationskursen vermittelt werden können. Entscheidend für eine echte Begegnung ist die Haltung, die Menschen einander entgegen bringen. Kommunikation hat dann eine positive Wirkung, wenn sie getragen ist vom Gefühl der Wertschätzung und der Anerkennung. Dass gegenseitige Wertschätzung die Grundlage für eine gelingende Beziehung ist, verdeutlicht die Erzählerin Martina, wenn sie von ihrem Mann erzählt: *„Er gehört wohl zu den wenigen Männern, die sehr viel reden. Wir zwei unterhalten uns unglaublich viel neben der Arbeit her, weil wir ja auch oft zusammen arbeiten. Ich habe noch nie erlebt, dass ihn irgendetwas nicht interessierte, was ich ihm erzähle."*

2.4 Kommunikation und Lebenssinn

Eine wichtige Frage, die wir uns zu Beginn des Biographieforschungsprojekts gestellt hatten, war die Frage, was den Frauen durch alle Krisen und Probleme hindurch Lebenssinn gibt, was ihnen hilft, die Krisen durchzustehen und zu bewältigen.

Veränderungen im Leben fordern uns heraus, immer wieder neu Fragen nach dem Sinn zu stellen. Sinn entsteht durch Kommunikation. Heinrich Döring und Franz-Xaver Kaufmann[2] schreiben dazu: „Sinnhaftes Erleben ist ohne Sprache nicht denkbar. (...) Die Sinnhaftigkeit meines Erlebens wird im Gespräch mit anderen Menschen, in der Lektüre von Büchern oder der Beobachtung des Sprechens und Verhaltens Dritter erprobt und bestätigt. Sinn ist nichts, worüber man allein verfügen kann. Sinn konstruiert sich erst in der Kommunikation."

Sinn entsteht so beispielsweise in Frauengruppen, die sich über ihre Erfahrungen, über Nöte und Gemeinsamkeiten austauschen. Ingrid erzählt dazu: *„Zum Beispiel bin ich zu den Landfrauen und zum Frauenbund, und das waren immer solche Fluchten, Auswege, die mich immer wieder über Wasser hielten. Wo ich dann auch meine Seele wieder ein wenig auftanken konnte."*

Sinn entsteht ebenso in Gemeinschaften, durch den Umgang, die Regeln dieser Gemeinschaft, durch gemeinsame Aktivitäten und Feste. Das Leben wird sinnvoll, wenn wir füreinander handeln können, wenn dem Anderen geholfen wird.

Sinn entsteht dann, wenn es gelingt, eine Übereinstimmung herzustellen mit uns selbst – wie wir sind und was uns entspricht – und mit der Welt, in der wir uns befinden. Wir sind im ständigen Austausch mit uns und mit unserer Umgebung, sind

[2] Döring, Heinrich; Kaufmann, Franz-Xaver: Kontingenzerfahrung und Sinnfrage; in Christlicher Glaube in moderner Gesellschaft, Band 9, Freiburg u.a. 1981

in ständiger Kommunikation und wenn „es passt" , wenn wir verstanden werden und andere verstehen, wenn wir uns am richtigen Platz mit unseren Fähigkeiten fühlen, dann empfinden wir unser Leben als sinnvoll. Somit kann man umgekehrt sagen: Es ist umso schwieriger, das Leben als sinnvoll zu erfahren, wenn man ohne Bezogenheit auf andere Menschen oder auf eine Gemeinschaft mit Veränderungen und Problemen umzugehen hat.

2.5 Wie es wirkt, das eigene Leben zu erzählen

Die Frage „Wer bin ich?" wird durch das Erzählen der eigenen Lebensgeschichte lebendig. Diese Frage kann aber nicht endgültig durch eine Lebenserzählung beantwortet werden, sie stellt sich im Laufe des Lebens und mit der eigenen Veränderung immer wieder neu, ohne dass letztendliche und unverändert gültige Antworten gefunden werden.

Eine Lebenserzählung vermittelt, welche Beziehungen die Erzählerin auf welche Weise beeinflussen. Allein schon die Möglichkeit, einer anderen Frau, die intensiv zuhört das eigene Leben zu erzählen, bildet eine Form der Anerkennung und bewirkt eine größere Wertschätzung des eigenen Selbst. Das Erzählen und Zuhören bildet so eine eigene Form der Bewältigung von Erlebtem.

In den Lebenserzählungen ist auch erlebbar, wie sehr die Erzählerinnen mit sich selbst einverstanden sind und wie stark sie soziale Anerkennung erleben. Von dieser Erfahrung hängt ab, wie sie in den Erzählungen ihre Schwierigkeiten schildern. Das Selbstwertgefühl der Erzählerinnen entscheidet, ob sie Problemlösungen ausführlich schildern und damit deutlich machen, welche inneren Handlungsmöglichkeiten ihnen zur Verfügung stehen, oder ob sie nur auf die Probleme verweisen, ohne diese deutlich in den Blick zu nehmen.

Psychische Kräfte und sozialer Rückhalt entscheiden, wie erfolgreich Probleme gelöst werden. Die nötigen Energien und Ressourcen, das heißt die persönlichen Handlungsmöglichkeiten zur Bewältigung von Problemen, wachsen somit aus der individuellen und sozialen Anerkennung. Diese Energien und Ressourcen sind wiederum der Motor für die Entwicklung des Selbstwertgefühls und der eigenen Perspektiven.

In einem Nachgespräch erhalten die Erzählerinnen Gelegenheit, ihre Lebenserzählung anzuschauen und nochmals darüber nachzudenken. Als die Erzählerinnen nun gefragt werden, ob das Erzählen ihrer Lebensgeschichte etwas bei ihnen bewirkt hat, wird deutlich, wie wichtig für sie die Erfahrung des Erzählens war. Es gab ihnen Anstöße für eine verbesserte Gesprächskultur, bestimmte Probleme deutlicher zu sehen und sie schließlich zu bewältigen.

Diese Erfahrungen aus dem Forschungsprojekt zeigen, wie wichtig es für den eigenen Stand in der Welt ist, seine Persönlichkeit zu entwickeln. Die folgenden dreizehn Lebensgeschichten sind lebendige Beispiele dafür.

Damit die Frauen anonym bleiben, hat die Redaktion alle Namen, sowie persönliche Daten und Ortsangaben in diesen Lebensgeschichten geändert.

3. Erzähl mir deine Lebensgeschichte – Biographien von Frauen im ländlichen Raum [3]

[3] Namen, persönliche Daten und Ortsangaben in diesen Lebensgeschichten wurden von der Redaktion geändert

„Es kommt darauf an, es richtig anzupacken"

Ilona

ist 52 Jahre alt, verheiratet, hat drei Kinder, eines unter 15 Jahren. In ihrem Haushalt leben fünf Personen aus drei Generationen. Sie hat Arzthelferin gelernt, das Abitur gemacht und arbeitet derzeit mit ihrem Mann im eigenen Betrieb.

„Ich bin 1951 geboren, in Osnabrück, meine Eltern sind Vertriebene. Sie haben seinerzeit bei den Eltern meines Vaters gewohnt, äußerst beengt, zwölf Leute in einem Raum. Dann, als ich sechs Wochen alt war, konnte die Familie nach Waldshut ziehen, aus dem Lager weg - das waren: meine Eltern, die Eltern meines Vaters und deren Kinder, von denen mein Vater der Älteste gewesen ist. Dort haben sie wieder unter beengten Verhältnissen gewohnt und haben dann aber eine Siedlungsstelle bekommen, das heißt einen Bauernhof. Der hat gerade so gereicht, um eine Familie zu ernähren. Da haben meine Eltern mit mir unter dem Dach gewohnt, auch noch sehr beschränkt und sehr, sehr einfach.

Wenn man sich das so vorstellt, wie es früher war: Im Winter war Eis an den Wänden. Mein Vater ging dann als Maurer arbeiten."

Sie erzählt schnell und lebhaft.

„Er hatte keinen Beruf erlernt, er ist mit siebzehn in den Krieg, das war 1939, und ist auch erst Ende 1949 zurückgekommen. Das heißt, er war 27 und hatte außer seiner Schulausbildung keinerlei weitere Ausbildung, keinen Beruf, nichts!"

Nach einer kurzen Pause erzählt sie weiter:

„Das Maurersein, das war auch nicht gerade das Gelbe vom Ei, er hat sich eigentlich etwas anderes vorgestellt, und so haben sich meine Eltern entschlossen, eine Existenz aufzubauen, eine Gärtnerei. Meine Schwester war dann auch schon auf der Welt, die ist ein drei viertel Jahr jünger als ich. Und so sind wir dann Mitte der Fünfziger Jahre wieder ein Stück weiter gezogen."

Ihre Stimme wird lauter, als sie die folgende Episode erzählt:

„In diesem Ort, einer Kleinstadt, haben wir nicht sehr lange gelebt. Die Verpächter ..."

Sie unterbricht sich kurz, sucht die richtige Formulierung:

„... ein älteres Ehepaar, das waren die Teufel in Person! Die haben uns Kindern, uns Kleinen, das Leben schwer gemacht und meinen Eltern genauso. Waren wir im Garten, dann haben sie uns fortgejagt auf die Straße, waren wir auf der Straße mussten wir auch wieder weg. Dann haben die meinen Eltern in der Wohnung und im Laden die Türschlösser ausgebaut, dass sie nicht mehr zusperren konnten. Natürlich sind wir dann auch bestohlen worden ."

Sie lässt diese Episode unvollendet und meint dazu:

„Jedenfalls war es untragbar und wir mussten wieder weiterziehen, wieder von vorn anfangen, meine Eltern zumindest. Dann war das dritte Kind da. Mit dem dritten Kind mussten sie auch einen Pflegesohn aus der weiteren Verwandtschaft zu

sich nehmen, der sonst nirgendwo unterkommen konnte. Es war ein schwieriges Kind, kriminell, was meine Eltern damals nicht gewusst haben. Sie haben das alles nur miterlebt, die Dinge, die da passiert sind und die sie nicht haben wollten.“
Hier wird ihre Stimme wieder lebhaft:

„Mit vier Kindern hieß es dann für meine Eltern: arbeiten, arbeiten, arbeiten. Als wir da hingezogen sind, musste ich schon die Schule wechseln, ich bin in dem anderen Ort in die Schule gekommen, das war in der ersten Klasse, und ich bin dann da weiter in die Schule gegangen. Die Schule war für uns ziemlich weit weg, also gute vierzig Minuten zu Fuß zu laufen, also hin vierzig Minuten, zurück vierzig Minuten.“
Mit einem tiefen seufzen spricht sie weiter:

„Die Schule wurde von katholischen Schwestern geleitet, die habe ich auch in ganz schlechter Erinnerung. Also im Nachhinein frage ich mich, wieso ich überhaupt katholisch bin. Die Rückschau auf das, was ich da als Kind so erlebt habe, das war ...“
Ihre Stimme wird wieder sehr lebhaft:

„Da wurde man gezwungen ... Da war dreimal in der Woche in der Frühe Gottesdienst, das war um sieben Uhr morgens, und da wir einen langen Schulweg hatten, die Kirche und Schule waren nicht weit auseinander, hieß es dann, im Sommer wie im Winter, sich um Viertel nach sechs, spätestens halb sieben, auf den Weg zu machen und in den Schülergottesdienst zu gehen. Dann wurde auch immer kontrolliert, ob man auch sonntags in der Kirche war. Das haben die beherrscht, da haben die nach dem Evangelium gefragt, was der Pfarrer angehabt hat, haben gefragt, wer wo gesessen hat, weil die Schüler mussten immer so sitzen, wie die Schwestern saßen. Also, wenn die Schwester Gerontia in der zweiten Bank gesessen ist und ich bei der in die Klasse gegangen bin, dann musste ich mich auch dorthin setzen.“

Lachend fügt sie hinzu:

„Ich glaube, die haben heimlich aufgeschrieben, wer da war! Wenn du das nicht mitgemacht hast, dann hast du einfach immer eine schlechtere Note gehabt, auch wenn du kein schlechter Schüler warst. Die haben es verstanden, es so hinzudrehen, dass du trotzdem immer irgendwo schlecht warst."

Sie merkt schnell an:

„Aber ich war trotzdem eine gute Schülerin und es hat mir nichts ausgemacht, wenn die mich eine Note runtergesetzt haben, denn ich bin nicht jeden Sonntag gegangen."

Ilona macht eine kurze Pause und meint dann:

„Was dann für mich damals sehr schlimm war: Wir Kinder wurden immer als Flüchtlingskinder angesehen, wir haben immer ..., wir haben keinen Anschluss gefunden. Wenn wir irgendwo eine Schulkollegin besuchen wollten, das heißt meine Schwester und ich – wir waren nicht weit auseinander, wir waren auch in der Schule nur ein Jahr auseinander, sie ist früher in die Schule gekommen, mit fünf, und ich halt später. Ja, und da hat man uns immer die Tür vor der Nase zugemacht."

Sie imitiert: *„Ja, die sind nicht da, oder die müssen jetzt lernen oder dies oder jenes."*

Meine Eltern waren materiell und finanziell ja auch nicht reich gesegnet, die mussten ja eine Existenz aufbauen. Mein Vater musste sich vom Beruf her weiterbilden, wir waren schon vier Kinder und sie mussten auch noch Kredite aufnehmen und alles Mögliche. An Dingen wie Kleidung hat man halt gespart. Das hab ich erst später so gesehen, aber dass ich in dieser Zeit keine Freundin hatte, das lag wohl einzig und alleine daran."

Ihre Stimme wird immer leiser und jetzt wieder sehr lebhaft:

„Der eigentliche Lichtblick war: In den Ferien durften wir immer zu unseren Großeltern auf einen Bauernhof, eigentlich

die ganzen sechs Wochen und das war herrlich! Ja, unter Gleichgesinnten, da hat man keine Vorurteile, da waren wir einfach eine große Clique, Große und Kleine zusammen, und haben ganz tolle Sachen erlebt und auch schlimme gemacht."
Ilona geht nicht weiter darauf ein und wechselt das Thema:

„Ich bin in die Grundschule gegangen, früher hieß das ja Volksschule. Ich wäre gerne aufs Gymnasium gegangen, hätte auch die Noten dazu gehabt."
Seufzend fügt sie an:

„Aber meine Eltern konnten es sich nicht leisten, da musste man Schulgeld zahlen. Es gab nur eine Schule in der nächsten Kreisstadt, von katholischen Schwestern, und die haben eben Schulgeld verlangt. Da wäre also das Schulgeld angefallen und Fahrgeld für den Zug, das war einfach nicht drin."
Unvermittelt erzählt sie wieder sehr lebhaft:

„Dann haben meine Eltern aber gesagt, oder drauf bestanden, dass ich als Mädchen zumindest die Realschule besuche. Die ist dann, Gott sei Dank, auch neu gebaut worden und da war ich dann mit eine der Ersten, die dort hingehen konnten, in der anderen Stadt, auch zehn Kilometer entfernt. Die hat nichts gekostet und man musste nur die Fahrkarte kaufen. Dann war meine Schwester auch so weit, die ist auch mitgegangen, wir sind zusammen dorthin, mussten eine Aufnahmeprüfung machen und so..."
Sie unterbricht sich kurz und erzählt dann weiter:

„Da bin ich gerne hingegangen, wir hatten da tolle Lehrer, junge Lehrer. Das war so: Wir waren eine Ausbildungsschule, es mussten viele von Freiburg kommen, junge Lehrer, also männliche auch, ganz tolle, die allerdings nicht lange geblieben sind, jedes Jahr andere. So hatten wir einen sehr häufigen Wechsel, was für uns Schüler eigentlich von Vorteil war. Wenn du mit einem nicht klargekommen bist, dann wusstest du, es kommt ja wieder ein neuer, mit dem wird es dann wohl

auch klappen. Ich habe dann also die Realschule gut abgeschlossen, habe in der Realschule viel gelernt, was sich ausdrücken, hinstehen, Meinung sagen, kritikfähig sein und so betrifft. Also fürs Leben habe ich viel mitbekommen.

Danach habe ich eine Lehre angefangen. Eigentlich hätte ich weg sollen, nach Konstanz oder Freiburg, aber davor hatte ich Angst. Ich war ein Familienmensch und da war ja auch noch meine jüngste Schwester. Ich habe sie, seit sie auf der Welt ist, mehr oder weniger groß gezogen, weil meine Mutter neben der Gärtnerei auch noch arbeiten gehen musste, weil die Gärtnerei nicht ein regelmäßiges Einkommen abgeworfen hat. Die Verpflichtungen waren da und sie musste halt zusehen, dass sie auch noch Geld verdient. Sie hat vier Kinder gehabt und musste in die Fabrik gehen und Haushalt machen und noch in der Gärtnerei mithelfen, was für uns Kinder auch das tägliche Brot war.

Ich weiß noch, als ich noch nicht in die Realschule gegangen bin, sind wir im Sommer mit den Fahrrädern gefahren, da haben wir nicht so viel Zeit gebraucht und um fünf Uhr sind wir zum Gurken pflücken gegangen oder Bohnen pflücken, was gerade angestanden ist. Und oftmals mittags, wenn wir heimgekommen sind, konnte man nicht mal essen, da war eine Menge Kundschaft da und: Zack, zack, da helfen, das machen! Dann erst Mittagessen.“

Hier wird ihre Stimme wieder deutlich leiser:

„Hausaufgaben, das ist alles so nebenher gelaufen, ja.“

Ilona seufzt schwach und spricht dann wieder lauter.

„Die Kleine, die Jüngste, die ist neun oder zehn Jahr jünger als ich, die habe ich dann groß gezogen.“

Nachdenklich meint sie: *„Das war schon damals mein Kind, die ist an mir gehangen.*

Dann fing ich die Lehre als Arzthelferin an und das war auch schön, das war ein voller Tag. Ich war in einer Land-

praxis die einzige Helferin, nach sechs Wochen musste ich alles können, vom Papierkram bis zur Laborarbeit. Und wir hatten unheimlich viele Patienten. Das ging morgens um acht los, und wenn wir nachmittags Sprechstunde hatten, bin ich oft erst gegen zehn oder elf Uhr heimgekommen, mittags hatte ich vielleicht ein bis zwei Stunden Zeit."

Sie spricht wieder sehr leise:

„Ich hatte aber auch einen weiten Heimweg. Mittwochs hatten wir Berufsschule, da bin ich schier eingeschlafen. Die Berufsschule war auch so weit weg, vierzig, fünfzig Kilometer, da musste ich mit dem Zug fahren. Der ist schon sehr früh gegangen, das war dann besser, als ich ein Auto hatte. Zwei Drittel der Klasse sind am Morgen mit glasigen Augen dagesessen und der Lehrer hat immer gefragt und gefragt und keiner hat irgendwas registriert. Es war eine harte Zeit, aber ich musste nur zwei Jahre lernen, das hat mir eigentlich ..."

Sie fasst schnell zusammen:

„Das hat mir gut gefallen! Da habe ich entdeckt, dass ich gut organisieren kann, dass ich eigentlich alles im Griff habe und auch viel leisten kann. Ja, mein Chef ..."

Sie seufzt kurz.

„... war schon ein älterer Herr und ... ein geiler Bock. Der hat immer versucht, mir an die Wäsche zu gehen und ich habe es geschafft, dass er das nicht geschafft hat! Aber das Hausmädchen, das er da hatte, die gleich alt war wie ich, die hat mir immer solche Horrorstorys erzählt und dann hab ich natürlich auch geschaut, dass ich da langsam wegkomme.

Mit achtzehn habe ich den Führerschein gemacht, das war damals auch etwas Besonderes. In der Zeit konntest du davon ausgehen, dass ein Fahrschullehrer, es waren ja alles Lehrer, dass die von vorne herein gesagt haben: ‚Sehen Sie, was braucht ein Mädchen einen Führerschein, die haben ja keine Fähigkeit, ein Auto zu lenken, die kennen das gar nicht!'

Also hast du schon mal viel mehr Stunden gebraucht, bis du überhaupt zur Prüfung gekommen bist, und so weiter, und so weiter."

Sehr lebhaft erzählt sie jetzt weiter:

„Aber ich hatte ihn dann! Ich bin mobil geworden und dann habe ich auch meinen eigenen Freundes- und Bekanntenkreis bekommen, oder mir geschaffen, muss ich sagen. Aber nicht in unserem Ort. Da hatte ich keine Kontakte, also nicht mit Gleichaltrigen. Durch die Arbeit mit den Patienten natürlich schon mit älteren Leuten und mit Kindern, aber das hat sich alles auf das Arbeitsumfeld beschränkt. Und dadurch, dass ich so mobil war, habe ich dann meinen Mann kennen gelernt. Ich war neunzehn. Ja, ich glaube schon. Ich überlege gerade, wie viel älter er ist, aber das ist ja auch egal! Zwei Jahre, glaube ich, und er war beim Bundesgrenzschutz."

Plötzlich spricht sie sehr schnell:

„Ja, wir haben bald gewusst, dass wir heiraten wollen und das haben wir, als ich ausgelernt hatte, dann auch gemacht. Mit neunzehn, zwanzig haben wir das dann auch im Kopf gehabt und auch unsere Zukunft so geplant und beschlossen, nach Stuttgart zu gehen. Er war vom Bodensee und hat gesagt, er geht nicht heim zu seinen Eltern. Das heißt, er war noch ein halbes Jahr dort in den Zeppelin-Werken, da hat es ihm nicht so gefallen, die Firma war ihm zu groß, er wollte lieber etwas, wo er mehr Verantwortung haben kann.

Gut, wir haben uns für Stuttgart entschieden und sind dann auch hingegangen. Das war 1971, da hatten wir schon zusammen eine Wohnung. Die Tante vom Seniorchef meines Mannes hat uns die Wohnung besorgt und auch möbliert, alte Möbel die sie noch gehabt hat zusammengesucht, damit wir ein Bett hatten und so. Im Grunde genommen hat die sich strafbar gemacht, zu der Zeit war das noch Kuppelei, wenn man ein unverheiratetes Paar zusammenwohnen ließ.

Aber die Tante Sophie, die war eine liebe Tante. Sie war siebzig und hat sich darüber hinweggesetzt. Die Eltern von meinem Mann durften das auch nicht wissen. Die haben das bis an ihr Lebensende auch nie erfahren, dass wir schon eine Zeit lang zusammengewohnt haben, ohne verheiratet gewesen zu sein.“

Schnell merkt sie an: *„Für meine Schwiegermutter wäre da wahrscheinlich eine Welt zusammengebrochen.*

Ja, dann haben wir also geheiratet und ich habe in einem großen Krankenhaus in Stuttgart angefangen, war in der Unfallchirurgie. Da habe ich zugleich als Arztsekretärin und als Krankenschwester gearbeitet. Ich habe also den Papierkram gemacht und auch Erste Hilfe, Notfallhilfe geleistet. Das große Problem war damals der Ärztemangel. Wir hatten zwar Ärzte, aber die kamen aus der ganzen Welt, aus Brasilien, aus Indonesien, Kenia, alles Mögliche, und keiner konnte richtig Deutsch. Im Grunde genommen konnten die überhaupt nichts tun, man musste immer als Pflegedienstkraft sagen: Du musst entscheiden, du musst die Entscheidungen treffen!“

Die haben nichts verstanden, haben keine Ausbildung gehabt und gar nichts! Da dachte ich: „Mensch, du kannst ja mehr als die Doktoren da!“

Und dann dachte ich: „Ich will Medizin studieren.“

Über den Zweiten Bildungsweg habe ich in Stuttgart das Abitur nachgemacht. Es war Vollzeitschule, es war sehr anstrengend für mich, denn ich hatte zwar Realschule, aber eine kaufmännische Ausbildung und hatte eigentlich mit vielen Dingen noch keine Berührung gehabt. Ich habe es aber dann geschafft, das Abitur gemacht und mich dann beworben.

Da galt schon der Numerus Clausus und ich habe keinen Studienplatz bekommen. Im Losverfahren hätte ich einen bekommen, allerdings in Gießen und das wollte ich dann nicht. Nein, nein, also erst schon mal Gießen, das hat mir einen

Schrecken eingejagt, das ist einfach zu weit weg. Wir wären dann getrennt gewesen, weil mein Mann seine Stelle nicht aufgeben wollte. Es war ein Job wie man ihn sich erträumt. Neben dem Chef, mit einer Riesenbandbreite an Verantwortung. Der Betrieb ist gewachsen, er hat mit 30 Leuten angefangen und als er nach zehn Jahren aufgehört hat, da waren es dreihundert. Er hat die EDV eingeführt, hat in Furtwangen angefangen zu lernen und hat das alles mit aufgebaut. Er hat gesagt, er kann das nicht lassen und er will es auch nicht, und das habe ich auch eingesehen, weil der Beruf ist für den Menschen ganz wichtig, wenn er darin aufgehen kann. Es ist ja auch ein Großteil seines Lebens. Und es gab damals auch schon eine Studentenschwemme, damals fing es langsam damit an.“

Ilona macht eine kurze Pause und erzählt dann weiter:

„Gut, dann lasse ich es bleiben, dann studiere ich eben nicht und mache etwas anderes. So bin ich dann Chefarztsekretärin geworden, auch wieder in einem großen Krankenhaus. Da habe ich auch eine Abteilung neu durchorganisiert, das hat mir auch sehr gut gefallen.“

Sie unterbricht, überlegt kurz:

„Nachdem ich das Abitur hatte, ist dann auch eigentlich etwas Schreckliches passiert. Da hat sich mein Bruder das Leben genommen, und das war furchtbar! Für uns ist das aus heiterem Himmel passiert und man hat sich unheimlich viele Vorwürfe gemacht. Er war in Berlin, auch sehr, sehr weit weg. Berlin, Stuttgart. Wenn er sich telefonisch gemeldet hat und dieses und jenes wollte, da habe ich das nicht richtig interpretiert, als er sich wie früher...“

Ilona lässt diesen Gedankengang unvollendet stehen und spricht weiter:

„Ja, da haben wir uns wieder einmal alle bei meinen Eltern getroffen. Meine Schwester ist dann mit ihrem Mann nach Rottweil gezogen. Er ist auch aus Rottweil und dann hat man

es die ganzen Jahre so gemacht, dass wir die Sommerferien über dort waren und in der Gärtnerei geholfen haben, weil dann Hochbetrieb war. Neben der Arbeit sind wir auch zum Tennis spielen gegangen. Wir waren zusammen beim Tennis spielen und er hat gesagt, er fährt schon heim und wir sollen noch irgendwas besorgen. Wir kommen heim, und da liegt er, tot, ohne irgendwie...

Ich habe unheimlich lange gebraucht, ich glaube zehn Jahre, bis ich einigermaßen ...“

Sie räuspert sich. *„... bis ich überhaupt darüber reden konnte. Lange Zeit konnte ich niemandem erzählen was da war, ohne Alpträume zu bekommen und das ist auch jetzt so. Es ist jetzt schon so lange her, über zwanzig Jahre, und immer noch so, dass man bei bestimmten Gelegenheiten daran denkt und immer noch Schuldgefühle hat.“*

Sie seufzt und fährt dann fort:

„Ja, dann habe ich dort gearbeitet. Stuttgart hat uns aber schon bald darauf gestunken. Wir sind beide auf dem Land aufgewachsen, und in Stuttgart gibt es ja nur Weinberge. Im Winter sind sie kahl und im Sommer stinken sie von den Spritzmitteln. Und du kannst da nirgendwo hingehen, ohne dass du auf Massen von Leuten triffst. Du fährst zwanzig Kilometer in den Wald und denkst, da gehe ich jetzt spazieren. Dann biegst du um eine Kurve und es kommt dir eine Riesenmenge entgegen!

Dann haben wir gesagt, wir schauen halt einmal. Mein Mann wollte wieder an den Bodensee zurück. Ich wollte nicht mehr dorthin, wo ich aufgewachsen bin. Also da hat mich nichts gehalten, da habe ich keine Wurzeln gehabt. Meine Schwester war weg, mein Bruder war tot und dann war es auch so, dass mein Mann und ich uns überlegt haben, was wir mit meinen Eltern machen. Meine Schwester, die Jüngste...“

Sie seufzt. *„... die hat auch mit 17 geheiratet, weil sie muss-*

te, und hat dann drei Kinder ganz schnell hintereinander bekommen, Schlag auf Schlag. Eben, da hatten sie keine Hilfe zu erwarten und auch nicht, dass sie den Betrieb übernimmt. Es hätte halt, wie es überall so ist, irgendwann einmal frisches Blut dazu kommen müssen, also eine neue Kraft, dass es vorwärts geht oder Bestand hat. Dann haben wir uns das überlegt und gesagt, wir sehen uns um, wo wir einen kleinen Betrieb übernehmen können. Dann haben wir auch etwas gefunden und so hat es uns dann hierher verschlagen, nach Böhringen.

Wir sind also hierher gezogen und haben dann meine Eltern nachgeholt. Mein Vater hatte vorher noch nebenbei in einer Fabrik gearbeitet. Meine Mutter hat in der Zwischenzeit auch aufgehört, also hat sie die Gärtnerei betrieben, mehr oder weniger. Und er wurde dann in Frührente geschickt."

Sie überlegt, fragt sich: *„Ja wie war das eigentlich?"*

Dann erzählt sie weiter: *„Da wurde ein Betriebsteil geschlossen. Er war zwischendurch auch noch Bergmann und da wurden Gruben geschlossen und da hat man eben den Älteren nahe gelegt, sie sollen in Vorruhestand gehen. Er hatte es ja nicht schlecht, er hatte eine Aufgabe, hat dann auch noch Geld bekommen und fand das ganz gut. Ja, und so haben sie dann auch gesagt, sie wollten den Schritt in dem Alter noch einmal wagen, dort alles aufgeben und zu uns gehen. Und so war das dann auch."*

Sie überlegt:

„Das war 1982, da waren wir schon über zehn Jahre verheiratet und es war noch kein Kind da. In Stuttgart bin ich von einem Doktor zum anderen gelaufen und mein Mann genauso, und was wir zu hören bekamen, war: „Ja, es könnte dies sein und es könnte das sein..." und das war auch eine Wahnsinnsbelastung, wenn man mit Geschwistern aufgewachsen ist und die Schwester hat Kinder und die andere

Schwester hat Kinder, und man hat keine. Ich habe ja auch Kinder schon immer gerne gemocht und wäre auch gerne Lehrerin geworden.

Ja, das war eigentlich schon eine Belastung.

Als ich dann angefangen habe, ganz mit dem Thema abzuschließen, haben wir geschaut, dass wir ein Kind adoptieren können. Das war eine Prozedur, unsäglich! Unsäglich, was man da mitmachen muss! Wir haben uns dann gesagt, nein, das tun wir uns nicht an! Mensch, vor allem hast du überhaupt keine Aussicht, ob du je zu einem Kind kommst und nach Rumänien fahren und ein armes Würstchen holen oder ein Negerlein kommen lassen, das hat mir widerstrebt. Kinder soll man möglichst bei den Wurzeln lassen, da wo sie sind. Man soll lieber dort nach Möglichkeiten suchen, dass sie dort ein gutes Leben haben und sie nicht irgendwo herausreißen."

Nach einem kurzen Seufzen meint sie dann:

„Und wie es immer so ist, wenn man abgeschlossen hat, dann klappt es plötzlich. Das war..."

Sie überlegt kurz:

„Meine Schwiegermutter ist da gestorben. Also, meine Schwiegermutter ist 1987 gestorben, an Magenkrebs. Mit der habe ich mich nie gut verstanden. Mir war ganz recht, dass wir so weit auseinander waren und nur ab und zu hingefahren sind. Als sie dann krank war, da sind wir jedes Wochenende von Stuttgart nach Biberach gefahren, da habe ich am Wochenende immer die Wohnung auf Vordermann gebracht und mich auch um die Schwiegermutter gekümmert.

Ja, es war auch anstrengend, weil ich hatte keinen normalen Job mit acht Stunden, sondern ich habe zehn, zwölf Stunden gearbeitet, auch jeden Samstag. Es war eben viel zu tun und ich habe das auch gerne gemacht. Sie kam dann ins Krankenhaus nach Friedrichshafen, meine Schwägerin hat sie zu sich genommen und ich war dann bei ihr, als sie gestorben ist. Mein Mann, der Schwiegervater und die Schwägerin sind kurz weggegangen, um Kaffee zu trinken und ich war allein mit ihr im Zimmer. Da ist sie dann gestorben. Aber ganz ruhig."

Ilonas Stimme wurde immer leiser, jetzt erzählt sie wieder sehr lebhaft:

„Ich hatte nie ein herzliches oder irgendwie ein verwandtschaftliches Verhältnis zu ihr, ich bin mit ihr einfach nicht warm geworden. Und eigentlich ein Jahr später ist dann meine Tochter zur Welt gekommen, die erste, das war irgendwie wie ein Wunder. Das hat plötzlich alles umgekrempelt. Man hat ja abgeschlossen und den Blick woanders hingelenkt und plötzlich ist dann doch so ein kleines Menschlein da, da war ich ja schon 28.

Wie es eben so war, Betrieb hoch drei und Kind und ..., aber ich muss sagen, das Problem haben wir dann doch gelöst und zwar so, dass die Kleine bei meinem Mann im Büro war. Mit dem Stillen hat es nicht geklappt, da war es ganz egal, da war er eben die Mutter und der Vater. Und als sie dann reden konnte, hat sie zu ihrem Vater nicht Papa gesagt, sondern Mampa. Er war beides für sie, die Mama und der Papa!"

Nach einer kurzen Pause meint sie:

„Und so war es auch. Er hat sie gefüttert, er hat sie gewickelt, gebadet und er hat sie eben im Büro bei sich gehabt. Wir mussten auch viele Geschäftsbesuche machen und das Kind war immer dabei. Es war für die damalige Zeit sehr ungewöhnlich, dass man einen Säugling überall mit hinschleppt. Wir hätten es nicht tun müssen, meine Eltern waren ja im Haus und die hätten das Kind auch gerne gehabt, aber es hat funktioniert," meint sie lachend.

„Dann fing mein Schwiegervater an, seltsam zu werden. Er hat noch alleine gewohnt, in dem Dorf. Wir sind ab und zu hingefahren, auch meine Schwägerin ab und zu, und wir hat-

ten uns mit den Nachbarn dort abgesprochen, und die haben uns eben dann berichtet, dass er nachts aus dem Fenster gesprungen ist, weil sie angeblich auf ihn geschossen haben und lauter solche Dinge. Da haben wir gemerkt, so geht das nicht weiter, irgendwas muss passieren, er kann nicht mehr alleine bleiben. Ja, was für eine Lösung konnten wir finden?

Da haben wir gesagt, wir machen es so: Er ist sechs Wochen bei uns und sechs Wochen bei der Schwägerin. Und so ist es auch eine Zeit lang gegangen, einigermaßen zumindest, und dann haben wir gemerkt, dieser Wechsel tut ihm gar nicht gut, also er wird dadurch nur noch verwirrter. Na, dann habe ich gesagt: „Ja, in Gottes Namen, dann behalten wir ihn eben!", weil meine Eltern noch da sind und wir beide dazu, und wir kennen uns auch noch eher aus als meine Schwägerin, die ganz alleine ist mit ihren Kindern. In der Schreinerei muss sie ja auch noch helfen, das heißt, sie war wohl im Hause, im Büro, aber sie musste auch zu Kunden weg.

Der Schwiegervater hat ihr auch Probleme gemacht, es ist oft vorgekommen, dass er verschwunden war, als sie wieder zurückkam und sie musste ihn dann suchen gehen.

Dann ist es eben immer schlimmer geworden mit ihm. Wie wir jetzt wissen, hat er Alzheimer gehabt. Damals hat das auch noch kein Arzt erkannt oder überhaupt gekannt oder hat uns gesagt, was das ist. Ich war mit ihm mit bei vielerlei Ärzten. Er hat Tablettenzeug bekommen, von dem er noch fuchsiger geworden ist und das die Persönlichkeit verändert hat. Ein Mensch mit Alzheimer, der wird plötzlich ganz anders, der weiß gar nicht mehr, was er tut. Wenn man ihn zum Essen geholt und an den Tisch gesetzt hat und es war überhaupt nichts da, kein Teller, keine Gabel, gar nichts, hat er trotzdem gegessen. Er saß da und hat gelöffelt und wie man ihm dann das Essen gegeben hat, sagte er, er hat schon gegessen, er braucht nichts mehr. Er hat auch meine Mutter mit dem Stock geschlagen, weil er sie für irgend jemand anderes gehalten hat. Er hat einen Bierkrug genommen und hat den meinem Mann nachgeworfen. Mir hat er nichts getan, mich hat er für seine Bäuerin gehalten. Er hat dann jeden Tag das Heu eingefahren.

Wenn man einen Menschen lange gekannt hat, dann ist das wahnsinnig! Wahnsinnig, was man da mitmacht! Er konnte tagsüber keinen Schritt gehen, man musste ihn zu zweit ziehen und packen, aber nachts, da war der wie ein Wiesel, ist die Treppen gelaufen, hoch und runter! Ich weiß nicht, wie oft wir ihn gesucht haben, bis wir dann jede Menge Schließanlagen im Haus hatten.

Dann bin ich wieder schwanger geworden, mit dem Zweiten, dem Lukas. Das hat mich dann sehr belastet, das heißt, ich war unheimlich dick und dazu noch der Schwiegervater! Jeden Tag duschen und anziehen und so weiter. Er hat mich immer begrabscht und das war sehr unangenehm.“

Ilona seufzt und sagt dann leise:

„Ich habe immer weiter gearbeitet, im Betrieb musste ich ja auch noch sein. Wir haben dann gesagt, ich brauche Urlaub und wir suchen einen Kurzzeitpflegeplatz. Im Nachhinein habe ich das bereut, dass ich ihn wochenlang weggeben habe, weil er dann vier Wochen später gestorben ist. Nachher habe ich gemerkt, das hat mich derart verstört, das war schlimm, aber ich habe es nicht geschafft, ich habe es einfach nicht geschafft. Wir haben ihn dann heimgebracht und der Lukas war auch schon da, und es musste irgendwie gehen, es ist dann auch gegangen. Ende September ist er dann gestorben, bei uns zu Hause, in der Familie.

Das ist etwas, worüber ich auch immer schwer am Überlegen bin: Meine Eltern leben ja beide noch und sie helfen mir immer noch sehr viel, obwohl sie beide über achtzig sind. Meine Mutter kocht jeden Tag für zehn Leute und mein Vater macht den Fahrer für unseren Betrieb, der geht jeden Tag noch in den Wald, um Holz zu machen.

Wie wird das wohl sein, wenn die einmal in die Lage kommen? Damals, beim Schwiegervater, habe ich wohl die Sozialstation in Anspruch genommen. Das waren sehr nette Schwestern, die haben auch sehr viel geholfen, dafür bin ich auch sehr dankbar. Nur waren wir räumlich auch nicht so richtig dafür eingerichtet und einen zweiten Pflegefall, den Bruder meiner Mutter, den mussten wir auch in ein Heim geben, weil der im Rollstuhl gesessen ist und wir das auch nicht schaffen konnten.

Bislang habe ich die Erfahrung gemacht: Wenn man die Leute in ein Alten- oder Pflegeheim gibt, dann ist es aus. Der Onkel ist dann auch nach acht Wochen gestorben, obwohl es nicht so schlimm war. Das ist das, was ich immer im Hinterkopf habe. Was mache ich dann mit meinen Eltern? Habe ich so viel Kraft? Meine drei Kinder sind ja auch noch klein, ob ich das dann schaffe?

Irgendwo spürt man es dann doch so langsam. Man hat unheimlich viel Energie, wenn man dreißig ist, auch noch, wenn man über vierzig ist, aber das fünfzigste Lebensjahr ist wie eine kleine Zäsur, da merkt man, das halbe Leben ist vorbei. Irgendwas muss man tun! Oder anders betrachtet: Einen Pfad finden. Was hat man getan und was will man noch tun?

Die ersten zehn Jahre, die wir verheiratet waren, haben wir viel zusammen gemacht, als Ehepaar. Wir waren unheimlich auf einander fixiert, mein Mann und ich. Ich habe in Stuttgart gearbeitet, er dort, wo wir gewohnt haben, und wir haben uns in der Frühe gesehen, wir haben den Tag über drei oder vier mal telefoniert und das auch nach zehn Jahren, auch nach fünfzehn Jahren noch. Dann haben wir auch immer viel gemeinsam gemacht, das war uns immer wichtig, das haben wir als sehr wichtig empfunden. Jetzt, im Rückblick, sehe ich es auch noch so, dass das richtig war, dass wir zu zweit auch noch Zeit gehabt haben, bis das Kind gekommen ist.

Man konnte viel besser aufeinander eingehen, auch mit den Kindern. Mein Mann hat unheimlich viel von den Kindern und er ist ein Bilderbuchvater, wie man ihn sich als Kind immer wünscht. Er ist immer da, er macht mit den Kindern, was sie sich wünschen. Ich muss schon sagen, es ist für ihn nicht besonders anstrengend, obwohl es auch für ihn nicht leicht ist.“

Ilonas Stimme wird wieder lauter, als sie sagt:

„Er hatte keine leichte Kindheit, er hat ein Familienleben eigentlich gar nicht gekannt, weil seine Mutter gestorben ist, als er drei Jahre alt war. Er ist in der Verwandtschaft herumgereicht worden. Auch von seinem Vater hat er wenig gehabt. Dann eben die Stiefmutter, das war die zweite Frau seines Vaters, die hatte nie eigene Kinder und hat die geerbten Kinder schon relativ groß bekommen. Die hat es auch nicht leicht gehabt, aber sie hatte auch keinen Zugang zu den Kindern.“

Seufzend bemerkt sie: *„Jetzt muss ich überlegen, was noch im Leben wichtig war.“*

Nach einer kurzen Pause sagt sie dann:

„Mir ist es immer wichtig, etwas Neues zu sehen, etwas Neues zu erleben. Jetzt lerne ich ein bisschen Französisch, Keyboard lerne ich jetzt auch, ich bin immer neugierig. Das will ich meinen Kindern auch mitgeben, offen sein für alles, alles auf sich wirken lassen, ohne negative Vorurteile auf alles zugehen. Und ich wünsche mir eben, dass die Kinder einmal sagen: ‚Wir hatten eine schöne Kindheit, unsere Eltern waren einfach super!‘“

Sie lacht und schließt:

„So, das wars!“

„Er meinte, er müsste den Diktator spielen und das geht bei mir nicht"

Ingrid

ist 57 Jahre alt, verheiratet, hat drei Kinder über achtzehn Jahren. In ihrem Haushalt leben sieben Personen aus drei Generationen. Sie hat die Hauptschule abgeschlossen und den Beruf der ländlichen Hauswirtschafterin erlernt. Sie ist als Bäuerin erwerbstätig und hat zahlreiche Ehrenämter.

Ich bin die Ingrid Dörfler, geborene Schneider. Ich wurde am 29.09.1946 in Singen geboren. Ich bin die Tochter eines Kleinbauern, also ein Kind kleiner Leute. Darauf bin ich noch immer stolz, dass ich das noch heute bleiben darf, nachdem ich in einen relativ großen Hof geheiratet habe. Aber dazu komme ich später.

Meine Kindheit habe ich in einem Ort mit zweihundert Seelen verbracht, in einer Schule, in der vier Klassen in einem Raum unterrichtet wurden. Ich behaupte heute noch, wir haben eine sehr viel höhere Allgemeinbildung, als sie in den heutigen Schulen zu Stande kommt. Wir hatten nämlich eine Lehrerin, die aus Oberschlesien kam, und die konnte uns mit ihren Fluchterlebnissen und ihrer ...“

Ingrid sucht den passenden Ausdruck.

„... Unterwürfigkeit zu dem Geschlecht, ich nenne sie jetzt einmal von Zeppelin, die in Aschhausen das Schloss besitzen, sehr viel an Lebensweisheiten mitgeben, aber auch von der Natur, von den Blumen angefangen bis zur Eule in einem Eulenbaum. Wir haben als Kinder also sehr, sehr viel gelernt und mitbekommen.

Ich war eigentlich ein sehr freches Kind, das muss ich heute im Nachhinein sagen. Meine älteste Schwester ist zehn Jahre älter als ich und ich kam 1946. Meine Mutter die hat meine älteste Schwester unehelich zur Welt gebracht. In dem kleinen Ort war das für meine Mutter und für meine älteste Schwester immer ein Makel und ich hab darunter genau so viel gelitten wie die, glaube ich, aber ...“ Sie lacht.

„Ich muss heute noch darüber lachen, dass ich mich da so drüber ins Zeug werfe, wenn jemand „Flittchen“ sagt und kann es nicht ertragen, dass jemand so abfällig über jemand spricht. Ich muss sagen, meine Mutter ist heute die Sorgenfrau vom ganzen Ort. Früher wurde mit dem Finger auf sie gezeigt, aber ich weiß noch, als Kind, kamen die Frauen zu ihr. Wenn die Männer neben raus gegangen sind, kamen sie zu meiner Mutter. Das hat mir später geholfen.“

Sie seufzt und spricht dann weiter: *„... zu akzeptieren, dass ich zu meinen Wurzeln gefunden habe und zu meinem Entstehen gestanden bin, weil nach meiner Jugend ...“*

Ingrid bricht ab, findet einen neuen Anfang.

„Meine Kindheit ist mit fünf Jahren zu Ende gewesen. Mein Vater lag ein Jahr gelähmt im Bett, bevor ich in die Schule kam, mit fünf Jahren. Folglich war ich noch nicht einmal dreizehn, als ich aus der Schule gekommen bin.

Die Schulzeit war für mich die schönste Zeit."

Sie macht eine kurze Pause, lässt diesen Satz im Raum stehen.

„Dann ging es sofort los. Ich habe zu Hause eine Lehre gemacht. Während dieser Zeit musste ich dann auch noch Geld verdienen. Damals ging das noch, dass man manchmal wochenweise in eine Fabrik ging. Da habe ich mir geschworen, dass ich nie in der Fabrik ende, da ist das Leben vergeudet. Lieber arbeite ich auf dem Acker wie ein Tier. Ich glaube, das habe ich auch drauf.

Irgendwann habe ich mich auch kurz zu einer Heirat entschlossen und so habe ich schon relativ jung geheiratet. Aber noch einmal zu meiner Jugend:

Meine Jugend hat, wie gesagt, schon mit dreizehn begonnen, wo andere noch relativ lange Kinder sind. Auf den Tanz durfte ich erst mit achtzehn gehen, also war ich nur ein einziges Mal ohne meinen Mann zum Tanz. Aber trotzdem hat man Träume gehabt," seufzt sie.

„Aber auch Ängste. Mein Vater war ja krank und lag so lange gelähmt im Bett. Er hatte Multiple Sklerose, aber das wurde nicht als Kriegskrankheit anerkannt. So mussten wir die Spritzen selbst bezahlen. Das war Entsagungskindheit und auch noch in meiner Jugend. Deshalb kann ich nur sagen, ich bin ein Kind kleiner Leute."

Ingrid macht eine kurze Pause.

„Trotzdem durfte ich aber eine Lehre machen und ich durfte auch auf einen Hof in die Fremdlehre. Dort ist die erste große Flucht in die Welt mit mir passiert. Ich war für ein Jahr auf einem Lehrbetrieb auf der Reichenau. Das ist ein Hof, der schon seit ewigen Zeiten ausbildet, ein Riesenhof. In diesem einen Jahr habe ich ungefähr 120 Mark verdient. Davon habe ich meine ganze Aussteuer zusammengekratzt und habe trotzdem noch in Konstanz einen Schwimmkurs gemacht und bin zweimal nach Berlin gefahren und verreist. Ich weiß nicht

wie, aber man hat trotzdem das Geld zusammenbracht und das war für mich wunderbar. Anschließend war ich dann noch einen Winter bei meinem Onkel in Bayern. Der hat eine Bäckerei gehabt und war ein Bruder meines Vaters. Bei ihnen durfte ich den Winter in der Bäckerei helfen. Ich habe die Kühe gemolken, geholfen, die Brötchen auszufahren und habe auch selbst ausgetragen, mit einem Netz.

Nach diesem Winter, nach dieser Faschingszeit musste ich wieder nach Hause und da wusste ich, dass das zu Ende ist, was ich mir erträume. Ich habe auch meine Winterschule gemacht und habe danach ganz schnell nach Stockach geheiratet. Also meine Heirat war praktisch eine Flucht vor dieser Enge. Man hat versucht mich einzugrenzen und in dem kleinen Ort festzuhalten. Vielleicht muss ich es damit erklären, dass ich mich in diesem ganzen Ort nie von einem Mann habe berühren lassen.

Sie lacht herzlich bei dieser Erinnerung.

Meine Mutter haben die Leute als Hure bezeichnet und meine Schwester als Flittchen. Deshalb durfte mich ein Mann nie berühren. Nicht einmal die Hand hab ich den Männern gegeben und das hab ich auch durchgehalten, weil da irgendwo in mir ein Stolz ist. So etwas wie meiner Mutter durfte mir nicht passieren! Wahrscheinlich habe ich mich da auch ein Stück weit hart gemacht, was weiß ich! Ist ja auch egal!

Auf jeden Fall habe ich mein Leben super gemeistert. Mit achtzehn einhalb Jahren habe ich am 17. Juni nachts um Zwölf beschlossen, meinen Mann zu heiraten. Mit sechzehn habe ich ihn kennen gelernt und er hat mich über zwei Jahre geplagt. Als ich hörte, dass er Bauer ist, hab ich gesagt: „Nein, einen Bauern heirate ich nicht!"

Ich habe es dann doch gemacht.

Ich habe mich dann dort fallen gelassen, ich konnte es wirklich. Noch heute sage ich meinem Mann dafür Danke, dass ich mich hab fallen lassen können. Dass dieses Fallenlassen zu einer noch größeren Aufgabe in meinem Leben werden sollte, war mir damals bewusst.

Ich hatte sechs Jahre lang Heimweh. Wie das ist, das kann ich niemandem beschreiben. In dieser Zeit habe ich auch meine Gehilfenprüfung gemacht. Danach hätte ich nochmals für sechs Wochen nach Konstanz gemusst, um die Meisterprüfung machen zu können. Dann hat meine Schwiegermutter gesagt: „Sohn, überlege es dir gut! Sie ist deine Frau, du darfst das nicht tun!"

Dann hab ich es eben nicht getan, zwar heulend und kämpfend mit meinem Mann, aber der konnte sich auch nicht dagegen durchsetzen. Erst, als er mich hatte, hat er sich gegen seine Eltern durchgesetzt und da war ich die Böse. Aber das nur nebenbei; es wird ja nach mir gefragt und nicht nach ihm.

Die Anforderungen, die an mich mit achtzehn gestellt wurden, haben mich irgendwo starr gemacht. Sie haben mich auch wachsen lassen und darum muss ich heute im Rückblick sagen, das war nicht verkehrt."

Lachend unterbricht sie sich. *„Das muss ich mal kurz dazwischen erzählen: In der Berufsschule habe ich nie gerne Politik gemacht. Alle die Minister aufzuzählen, das war ein Graus. Ich fragte dann die Lehrerin, warum sie mich laufend dran nimmt. Da hat sie gesagt: „Weil du es am dringendsten brauchst." Ich habe ihr dann geschrieben und mich dafür bedankt. In diesen vierzehn Tagen ist sie gestorben. Später irgendwann, sie war schon lange fort, habe ich gedacht: „Das darf man nie machen, so lange mit einem Danke zu warten."*

Darum bedanke ich mich heute viel schneller für etwas, das mir widerfahren ist, als früher. Damals hatte man Angst, man muss irgendwie ein Gefühl zeigen, das ist ja Schwäche. Aber heute fällt es mir viel leichter, mich für irgendwas zu bedanken.

Früher musste ich viele Jahre an mir arbeiten. 1964, im Oktober, haben wir geheiratet. Den ältesten Sohn habe ich nach einem Jahr bekommen. Ich weiß nicht, darf man das erzählen, dass ich...“

Nach kurzem Bedenken entscheidet sie sich.

„Bei uns ging das so, als das Kind kam: Ich war am Arbeiten, habe meine Kühe gemolken und kam um halb sechs ins Krankenhaus. Um halb sieben war er da. Nach elf Tagen ist man nach Hause gekommen. Da hat die Schwiegermutter die Zeit abgestoppt, die man braucht zum Stillen, zum Baden...“

Ingrid seufzt: *„Bis ich um neun aus dem Stall kam, lag mein ältester Sohn oft in seinem Dreck, war oft wund. Es war für mich ein hartes Dasein, dass ich mich nicht um mein Kind kümmern konnte, und es waren schwere Zeiten, da bin ich ganz ehrlich. Vielleicht auch deshalb das lange Heimweh.*

Erst als wir 1970 dann binnen drei Tagen den Hof hier gekauft haben, hat es sich geändert. Ich glaube, das war meine erste Leistung, dass ich den materiellen Fortschritt in den Hof eingebracht habe. Nachdem ich kein Geld mitbrachte, habe ich mich regelrecht in die Arbeit gestürzt.“

Ingrid schnäuzt sich, spricht dann weiter.

„Weihnachten 72 dachte ich: „Gott sei Dank, dieses Jahr ist vorbei!“ Ein paar Tage später hatte ich Bauchweh, und dann habe ich nochmal ein Kind bekommen. Meine Schwiegermutter hat gesagt: „Das kann ich dir nicht groß ziehen.“ Dann haben wir miteinander geheult. Wie soll ich mit dieser vielen Arbeit ein Kind groß ziehen?

Und ich muss sagen: Es war eine Leistung, die groß zu ziehen. Ich sage heute noch: Mein ruhender Pol in meinem Leben war mein ältester Sohn. Mit den zwei Großen habe ich oft gekämpft wie eine Löwin und dann habe ich mit dem Michael darüber geredet. Meist hat er gesagt: „Mama, das ist doch normal, ich mach das doch auch so. Das ist schon in

Ordnung!" Ich glaube, das Kind habe ich als einziges bewusst erzogen und groß gezogen. Die anderen musste ich abgeben, wie in dem schönen Film die Sissy ihrer Schwiegermutter. Das war schrecklich! Es ist so, ich möchte nicht mehr 18 oder 21 sein.

Zu meinem 21. Geburtstag kam meine Mutter zu Besuch und ich ging mit ihr, dem Michael und der Bärbel im Bauch spazieren. Da habe ich mein Leben beweint. Heute muss ich da drüber ein bisschen lächeln, aber es war wohl so. Egal!"

Nach einer kurzen Pause erzählt sie weiter:

„1978 ist dann meine Schwiegermutter gestorben und 81 mein Schwiegervater. Da habe ich das erste Mal in meinem Leben mit meinem Mann einen Streit bekommen, erst, nachdem seine Eltern nicht mehr da waren. Worum es eigentlich ging, weiß ich bis heute nicht, aber er meinte, er müsse bei mir den Diktator spielen und das geht bei mir nicht. Punkt!

Mein Schwiegervater sagte einmal zu mir, ich sei ein Hurenpack. Dann hab ich zu ihm gesagt: „Wenn ich ein Hurenpack bin, wo ich noch nie einen anderen nackten Mann gesehen habe, bevor ich deinen Sohn kennen gelernt habe, dann bist du ein Hurenbock!" Da sagte meine Schwiegermutter zu mir, mein Schwiegervater sei fünfzig Jahre älter als ich, da muss ich mir das gefallen lassen. Darauf gab ich ihr zu Antwort: „Nein! Wenn es mir an die Ehre geht, sag ich auch einem alten Mann etwas Freches zurück, wenn er mich so frech beleidigt!" Darauf bin ich heute noch stolz, dass ich das fertig gebracht habe. Sonst wäre ich zu Grunde gegangen, weil ich das für mein Ich brauchte, dass ich Ich selbst bleiben durfte."

Nach einer Pause spricht Ingrid weiter: *„Ich habe auch viel von ihm gelernt. Diese politische Laufbahn, die ich nach seinem Tod eingeschlagen habe, zu der Zeit..."*

Sie unterbricht sich und meint: *„Ich glaube, ich muss das der Reihe nach machen. Ich bin jetzt ein bisschen abgekommen.*

In der Zeit, als ich in Stockach war, war ich das Arbeitstier. Die Mutter musste ich nicht bekochen. Erst im letzten Jahr, in dem meine Schwiegermutter gelebt hat. Deshalb koche ich noch heute nicht gern, zumal sie es mir verboten hat. Heute tue ich es, weil es sein muss. Ich mache eben andere Dinge. Ich hatte da einige Ideen und habe mir auch hin und wieder etwas ausgedacht. Zum Beispiel bin ich zu den Landfrauen und zum Frauenbund, und das waren immer solche Fluchten, Auswege, die mich immer wieder über Wasser hielten. Wo ich dann auch meine Seele wieder ein wenig auftanken konnte."
Sie atmet schwer und fährt dann fort: *„1981 ist mein Schwiegervater gestorben, 82 wurde ich schon Stadträtin. Ich muss sagen, dadurch hat meine menschliche Entwicklung einen ganz rasanten Weg eingeschlagen. Durch die Stadtrattätigkeit bin ich irgendwie gewachsen, und zwar ganz schnell. Dabei habe ich auch meine Arbeit nicht vernachlässigt, das lasse ich mir nicht nachsagen!*

Wenn ich um Viertel nach sechs in die Gemeinderatssitzung gegangen bin, hatte ich vorher schon meine Kühe gemolken, immer, zu jeder Zeit. Meine jüngste Tochter war damals dreizehn und dann hab ich gedacht: Sie ist jetzt so groß, da kann ich auch mal was für mich tun.

Ich wusste nicht von vorne herein, dass das etwas für mich ist. Ich garantiere ihnen, wenn ich das in einem Frauenverband hätte machen wollen, dann hätte ich das niemals tun dürfen. Da hätte ich mit meinem Mann hart darum kämpfen müssen. Aber so, im Stadtrat... Er konnte es ja nicht selbst machen und hat dann gemeint: „Wenn du es machen willst, dann mach es halt!"

So wurde ich Stadträtin, sofort, gleich im ersten Anlauf. Und ich hatte dann immer ein Alibi ihm gegenüber und das war sehr gut so."
Ingrid erzählt diese Episode mit einem Lächeln.

Die ersten fünf Jahre waren wir sechs Gemeinderäte. In dieser Zeit habe ich im Regionalverband und im Kreisverband sehr viele Leute kennen gelernt. Später ist es durch irgendwelche Dinge ein bisschen geschrumpft, dann sind wir bloß noch zu zweit gelandet. Ich musste dann die Fraktion führen, weil zu der Zeit viele vom Schiff abgesprungen sind. Ich musste Reden formulieren, das war eigentlich eine Aufgabe, der ich nie gewachsen war. Im Kopf habe ich viele Dinge gehabt, aber das auch so rüber zu bringen, dazu muss man erst in die Öffentlichkeit. Das habe ich damals gelernt."

Nach einer kurzen Unterbrechung spricht sie weiter:

„Daneben sind immer die Familie und der Hof an erster Stelle, das trage ich nebenbei in meinem Kopf. Das war immer so. Manches Mal bin ich heulend vom Hof weg gefahren und am Bahnübergang habe ich die Tränen abgewischt. Dann bin ich in die Sitzung und musste etwas reden. Wie ich das alles geschafft habe, weiß ich nicht. Ich habe oft gesagt: „Ich lasse mich scheiden, ich gehe fort! Ich gehe fort, wenn es nicht anders geht!"

Ingrid unterstreicht ihre Worte mit einem tiefen Seufzen.

„Es ist dann sehr, sehr eskaliert, da bin ich ganz ehrlich. Vor sechs Jahren war das so schlimm, ich konnte es einfach nicht ertragen, dass mein Mann mich nicht meinen Weg hat gehen lassen. Es kam dann immer die Streiterei über die Kinder, weil die Kinder nicht gehorcht haben und ich auch nicht. Nachdem die älteste Tochter mal wieder mit einem Freund Schluss gemacht hat, habe ich sie daheim aufgenommen, und dann er gesagt, man hätte ihn erst fragen müssen.

Dann haben wir so gezankt, und er wollte es ihr verbieten. „Die Manuela darf nichts im Haus essen!" hat er gesagt, und dann bin ich ihm mit dem Suppentopf in den Hof hinaus nachgerannt und habe ihm den Suppentopf ins Kreuz geschmissen! Da bin ich richtig über mich erschrocken, wozu ich so fähig war. Puuuhhh, das vergesse ich mein Leben lang nicht!

Ich bin dann wieder hinein und habe gesagt: „So, jetzt gehe ich vierzehn Tage lang fort und dann komme ich wieder und dann reden wir weiter! Ich kann heute nicht mehr mit euch allen reden." Und das habe ich auch durchgehalten!" meint sie seufzend. *„Es war mein größtes Glück auf der ganzen Welt, dass ich das wirklich durchgehalten habe. Allerdings bin ich in diesen vierzehn Tagen auch Menschen begegnet, die mir wieder weiter geholfen haben. Nach vierzehn Tagen bin ich nach Hause gekommen und mein Mann hat gesagt, ich soll wieder so werden, wie ich mit achtzehn Jahren war. So blöd!"*
Sie lacht kurz auf, als sie weitererzählt:

„Da habe ich gesagt: „Nein, der Weg und die Entwicklung gehen von hier aus weiter! Wir Menschen entwickeln uns weiter, keinen Schritt zurück, und wenn du bereit bist, den Weg mit mir vorwärts zu gehen, dann bleibe ich hier und wenn nicht, dann nehme ich meinen Koffer und gehe für immer aus deinem Leben!" Das wollte er natürlich überhaupt nicht. Nicht wegen der Leute, sondern wegen mir. Das sagt er manchmal zu mir. Mir wäre es schwer gefallen, vom Hof und von der Familie wegzugehen, das sage ich ganz ehrlich. Ich habe das in den vierzehn Tagen erkannt, dass der Weg ein schwerer werden würde. Aber ich wäre gegangen, wenn sie nicht eingelenkt hätten.

Damals bin ich ins Frauenhaus gegangen. Das war natürlich sofort auch etwas für mich, dass ich da auch anderen Frauen, die in Not sind, helfen konnte, weil ich denke, wir Frauen sind das Rückgrat der Menschheit, nicht die Männer, die bilden sich bloß ein, sie sind schwerer dabei. Aber sie sind gar nichts, sie sind ohne uns Frauen niemand, aber wirklich niemand!"
Hier legt sie eine lange Pause ein.

„Ich glaube, ich habe mein Leben fast erzählt. Ich bin gerne Bäuerin, das sage ich jetzt noch einmal, laut und deutlich: Ich bin für mein Leben gerne Bäuerin und ich bin auch für mein Leben gern Frau und Mutter.

Nur brauche auch ich meine Freiheiten, und wenn ich meine Freiheit nicht habe, dann gehe ich kaputt! Das habe ich irgendwann dann durchgesetzt, dass ich mein Leben leben kann. Ich meine, das klingt jetzt vielleicht egoistisch, aber ich sage immer, ich wäre sonst kaputt gegangen. Ich wäre kaputt gegangen, wenn ich so hätte leben müssen, wie meine Schwiegereltern es fünfzehn Jahre von mir verlangt haben.

Ich habe sie übrigens neben mir am Tisch haben müssen. Wir haben immer an einem Tisch gegessen, und da habe ich mir geschworen: „Meiner Schwiegertochter passiert das nicht!“

Wahrscheinlich wusste sie es nie zu schätzen, aber bevor jemand sie böse angreift, da kratze ich meinem Mann oder meinem Sohn die Augen aus! Ich kann das einfach nicht ertragen! Und ich bin stolz darauf, dass ich niemals weitergegeben habe, was ich im Leben als negativ erfahren habe.

Das muss ich vielleicht noch erzählen: Ich hab zum Glück zu der Zeit, als ich auf der Reichenau war, eine Freundin kennen gelernt. Seit ich in Stockach bin, ist das eine ganz lockere Freundschaft geworden. Als ich einmal im Krankenhaus war, lernte ich ihre Mutter kennen und die Frau, das ist eine Lehrersfrau. Mit der konnte ich über alles reden. Manchmal denke ich nämlich, ich muss zwei Leben leben: Eines, das ich in Gedanken lebe und eines, das ich lebe so als Mensch. Weil, wenn ich mein Innerstes meinem Mann offenbare, dann kriege ich das immer so als negativ auf's Brot geschmiert. Deswegen konnte ich ihm niemals so offen gegenübertreten. Übrigens keinem Mann. Ich weiß es nicht, obwohl ich in meinem Leben sehr viel mit Männern zu tun habe, sind Männer für mich irgendwo Feinde. Wahrscheinlich, weil ich als Kind so schlechte Erfahrungen gemacht habe. Außer mein Vater, da bin ich immer ...“

Ingrid lässt diesen Satz unvollendet.

„Väterliche Männer, zu denen konnte ich eher eine Vertrauensbasis aufbauen. Vielleicht hab ich deshalb einen Mann geheiratet, der zwölf Jahre älter ist. Wahrscheinlich ist es auch so.“

In einem Atemzug wechselt sie das Thema:

„Ja, und diese Freundin, mit der habe ich auch schon oft Reden geschrieben, und da bin ich froh drum. Und in der Jugendvollzugsanstalt, da sind wir Beiräte und erleben dort, wie diese, wie sagt man da wieder, die ‚gefallenen Kinder‘ wieder ins Leben zurückgeführt werden. Wir haben auch einmal, auf meine Initiative hin, neun Monate lang einen Freigänger gehabt, Herbert hieß er. Der ist morgens mit dem Zug gekommen und abends mussten wir ihn heimfahren. Manchmal musste ich ihn alleine heimfahren. Und dann haben eben die Leute geredet. Das war so schlimm, wie die bei meinem Mann gehetzt haben, wie er mich mit so einem jungen Kerl dort rüber fahren lassen kann, der könnte mich ja anfallen! Und dabei ist mir der Bub heute noch dankbar und ich bin froh, dass ich viele Dinge an ihn weitergeben konnte.

Letztes Jahr sind wir in die Phase gekommen, dass unser Hof übergeben werden muss, und morgen gehe ich wieder zum Notar. Er wird an unseren Sohn übergeben.

Vor eineinhalb Jahren wurde mir gesagt, dass ich mit meinem Mann in Rente gehen muss, mit 56 Jahren. Das war die schlimmste Erfahrung, die ich dann noch einmal in meinem Leben gemacht habe, aber jetzt kann ich schon wieder drüber lächeln und froh sein, dass es vorbei ist mit diesem Leistungsbild, das von mir gefordert wurde. Als der Herbert dies erfahren hat, ist er gekommen und hat gesagt: „Chefin!“ Er sagt heute noch Chefin, der junge Kerl. Später hat er geheiratet, hat sich ein Haus gekauft und es umgebaut; und er hat gesagt: „Ich habe bei euch in der Familie so viel gelernt, und selbst wenn sie mir alles wegnehmen, du kriegst immer wieder etwas! Du brauchst gar keine Angst haben. Wenn du zu mir kommst habe ich einen Wohnwagen, den kannst du nehmen und darfst damit wegfahren."

Das war so eine schöne Erfahrung, von einem Menschen, dem vor zwanzig Jahren etwas Gutes widerfahren ist. Wenn der erfährt, dass es mir schlecht geht, dass der dann kommt und mich aufrichtet, das war für mich ein ganz besonderes Erlebnis.

Und so gibt es viele Dinge zurzeit: Seit dem ersten Dezember haben wir einen Mitarbeiter. Weil, die Schwiegertochter ist ja Krankenschwester. Mein Mann hat sich ja immer eingebildet, die jungen Frauen müssen auch immer wieder in den Hof, sich rein arbeiten, so wie wir es gemacht haben und dass die Arbeit nicht zu machen ist, ohne eine dritte Kraft. Aber ich meine, das muss nicht sein. Und so ist dann ein junger Mann eingestellt worden. Er kommt aus Polen und er arbeitet jetzt bei uns seit dem ersten Dezember.

Ich denke, so wird das auch weiterhin in meinem Leben sein. Mein Mann sagt immer „Wohltäter". Er meint, ich träte immer als Wohltäter auf, aber ich glaube, ich will einen guten Weg gehen, will an meinem Lebensende sagen können: „Es war gut." Bis jetzt meine ich, dass ich da guter Dinge bin und wenn ich alt werden darf, dann schreibe ich meine Lebensgeschichte einmal auf."

Ihre Stimme wird immer bewegter und sie meint:

„So, jetzt höre ich auf, sonst kommen mir noch die Tränen, falle da rein und weine mich aus, weil ich behaupte, meine Kinder ...

Also ich muss noch ein bisschen über meine Kinder erzählen: Und zwar hat die Bärbel schon zwei Unfälle gehabt und

jetzt ist sie wirklich ganz nah am Tod vorbei marschiert. Die muss immer alles selbst erfahren, ich weiß es nicht, warum das so ist.“
Sie schnäuzt sich und erzählt dann weiter:

„Ich glaube, sie war achtzehn oder neunzehn, als sie das erste Mal mit dem Auto verunglückt ist. Dann ist sie an Bulimie erkrankt, das war ein harter Weg. Weil ich erkannt habe, dass ich sie trotz allem gehen lassen muss. Einmal bin ich eine ganze Nacht lang vor ihrem Zimmer gehockt und habe sie gebeten und angefleht und ihr gedroht: Sie darf nicht aus dem Zimmer raus, wenn sie nicht in eine Therapie geht. Weil ich gesehen habe, dass ich ihr nicht helfen konnte, weil ich selber irgendwo darin verwickelt war. Es hat sich herausgestellt ...“
Hier lacht sie kurz auf.

„Das ist lachhaft! Sie wollte sich opfern, dass ich und Papa uns immer vertragen und heute muss ich feststellen ...“
Ingrid lässt diese Aussage unvollendet im Raum stehen.

„Letztes Jahr ist sie dann noch einmal mit dem Motorrad verunglückt und acht Wochen bin ich jeden Tag nach Freiburg gefahren, weil man gedacht hat, sie wird querschnittgelähmt wieder rauskommen. Aber heute kann sie wieder Reiten gehen und ist gesund!“
Sie lacht kurz und befreit auf.

„Also heute haben wir ein sehr freundschaftliches Verhältnis. Und mein Sohn, der ja jetzt den Hof hat, der ist fünfzehn Meter vom Silo herunter gefallen und hat nur einen Kiefertrümmerbruch gehabt. Ich behaupte, der Herrgott hat uns da geholfen!“
Nach einer kurzen Pause erzählt sie weiter: *„Die Kleine ist mit neun Jahren ins Krankenhaus gekommen und da hat es geheißen, sie hat Hautkrebs und dabei hat sie Trychosipie gehabt, das ist eine Pilzkrankheit. Da war sie ein viertel Jahr in Radolfzell. Also ist schon jedes Kind ganz nah...“*

In einem Anflug von Galgenhumor meint sie mit einem kurzen Lachen: *„Die Gefahr war für beide gleich, dass sie weg gewesen wären!“*

Aber gleich darauf ist ihre Stimme tränenerstickt, als sie sagt: *„Für meine Kinder mache ich, glaube ich, alles!*

Das habe ich im letzten Jahr erlebt. Meine Schwiegertochter und meine Tochter haben zu mir gesagt: Ja, sie verstehen mich, dass ich jeden Tag ins Krankenhaus zur Bärbel fahre. Obwohl sie mir so viel Sorgen gemacht hat. Und obwohl der Papa gesagt hat: „Die braucht das nicht, die muss sehen, wie sie zurecht kommt!“

Diese Bemerkung kommentiert sie mit einem verschämten Lachen und verlegt sich dann auf ein anderes Thema:

„Vielleicht darf ich jetzt noch etwas zu den Enkeln sagen: Ich genieße jeden Tag, an dem ich mit meinen Enkeln zusammen sein darf, oder jede Stunde, jede fünf Minuten. Weil ich an meinen Kindern das alles nicht gesehen habe. Letzten Winter habe ich gesagt: Lasst mich ein Mal, ich will ein Mal im Leben sehen, wie Kinder aufwachen. Ich habe in meinem ganzen Leben nie ein Kind aufwachen sehen. Ich war ja früher immer zeitig im Stall. Und das haben die mir ein Mal genehmigt und das war wunderbar.“

Seufzend fügt sie an: *„Es gibt schwere Zeiten im Leben, aber es gibt auch schöne. Vielleicht, wenn unser Leben zu Ende ist ... Meine Schwiegermutter hat auf dem Totenbett zu meinem Schwiegervater gesagt...“*

Sie unterbricht und schnäuzt sich.

„Das war so: Der Schwiegervater hat gesagt: „Das Unmensch von Schwiegertochter darf meine Frau nicht anfassen!“ Da hat sie gemeint: „Das ist alles nur, weil du so böse zu den Mädchen bist, darum kann ich nicht sterben.“

Und da habe ich alles vergessen, was sie je an Unberechtigtem mir gegenüber getan hat. Wahrscheinlich war das nur, weil sie es auch so erfahren hat. Erst in Lindau, damals, als ich die 14 Tage fortgegangen bin, habe ich nach so vielen Jahren klar Schiff in meinem Kopf gemacht mit meinem Schwiegervater.“

Ingrid weint lange, fährt dann schluchzend fort:

„Ich weiß nicht, ob das richtig war, dass ich jetzt geweint habe, aber so ist es halt, und ich bin heute froh, dass ich dieses Verzeihen fertig gebracht habe. Mein Mann sagt, Verzeihen ist große Schwäche und ich behaupte, verzeihen ist die größte Tat, die man im Leben vollbringen kann und das können bloß wir Frauen. Ich glaube, Männer können viel schlechter verzeihen als Frauen. Nur trauen sich die Frauen nicht, einander beizustehen. Im Gemeinderat erlebe ich das oft. Wir haben da eine junge Frau, die oft bekämpft wurde. Da habe ich öffentlich vor dreißig Männern gesagt: „Keinen Ton mehr! Sandra, lass dich von diesen Männern bloß nicht ins Bockshorn jagen!“

Das ist nämlich so schrecklich, wenn Männer eine Frau so aufs Korn nehmen und sie runtermachen wegen nichts und wieder nichts.“

Sie schneuzt sich noch einmal und schließt dann ab:

„So, jetzt hör ich endgültig auf! Und freue mich, dass ich das machen durfte.“

„Ich dachte immer, ich bin verkehrt"

Franziska

ist 41 Jahre alt, verheiratet und hat zwei Kinder unter 15 Jahren. Sie lebt in einem Vier-Personen-Haushalt. Ihre Berufe sind Maschinenschlosserin und Kassiererin.

Sie beginnt ihre Geschichte mit einem Seufzen:

„Ja ..., als Erstes erzähle ich mal, wie es mir geht und ich fange mal ganz von Anfang an: Ich bin 1963 geboren in Kehl und ... ich habe einen älteren Bruder, einen jüngeren Bruder und noch eine Nachzüglerin, meine jüngere Schwester, die ist zehn Jahre jünger als ich."

Sie spricht die ersten Sätze gedehnt, mit langen Pausen.

„Wir sind in dieser Zeit oft umgezogen ..., allerdings immer im gleichen Viertel, immer um die Kirche herum."

Franziska denkt nach.

„An meine Kindheit kann ich mich bloß in vereinzelten Geschichten erinnern. Das ist so wahnsinnig weit weg. Ungefähr bis dreizehn hatte ich eine sehr intensive Beziehung zu meinem Vater. Wenn man von einem Lieblingskind spricht, dann war ich das für meinen Vater. Später hat sich das dann

geändert, aber ich weiß nicht, wie ich es sagen soll: Wir hatten immer eine intensive Beziehung, eine schwierige, weil mein Vater leicht jähzornig war. Aber ich wusste immer, wie er gerade aufgelegt war. Er hat mich nicht als Person angegriffen, sondern das, was ich gemacht habe.

Ich habe ihm jeden Morgen einen Kuss gegeben, wenn ich gegangen bin. Dann hatten wir einen Streit und ich wollte ihm morgens keinen Kuss mehr geben. Das hat ihm nicht gefallen, da hatte ich bei ihm immer ein ganz starkes Gefühl. Von dem Moment an war alles anders. Er hat mich losgelassen, wie ich es nicht gebraucht hätte, sondern ich war dann wirklich...“

Franziska weint.

„Ich hätte ihn eigentlich gebraucht, aber ich kann ihm keinen Vorwurf machen, er hat es nicht gewusst und ich konnte es auch nicht definieren. Ja, und vor zwei Jahren hatten wir einen Streit und ich habe erst vor einem Jahr mit ihm über das Thema gesprochen. Er hat mir gesagt, was ich ihm alles an den Kopf geschmissen habe. Ich war überrascht, was ich anscheinend alles gesagt habe und habe mich dann auch entschuldigt, dass das so nicht stimmt.

Ja, zu ihm habe ich eigentlich schon eine intensive Beziehung, aber er hat auch gesagt, dass er in den Jahren gelernt hat, sein Herz zu verschließen. Aber meine Mutter ist immer um ihn herum, und ich komme mit ihr einfach nicht so klar.“

Franziska denkt kurz nach und nimmt dann einen neuen Faden auf.

„Was in meiner Lebensgeschichte eigentlich ganz klar ist, das ist die Zeit der Schwangerschaft mit dem ersten Kind. Dann meine Beziehung, meine Ehe, das zweite Kind.“

Ihre Stimme wird kurz brüchig, als sie meint:

„Das war eine Zeit, die extrem anstrengend für mich war, eigentlich seelisch anstrengend. Ich merkte, dass ich so mit fünfzehn, sechzehn mein Leben einfach vor mich hin gelebt habe, ohne mir bewusst zu sein. Dann kamen die Ausbildung,

die Jahre in meinem Beruf und ... dann hatte ich dieses wahnsinnig einschneidende Erlebnis, die erste Schwangerschaft, weil ... ich war da mit einem Mann zusammen, mit dem war ich eben zusammen. Kurz eigentlich erst. Ja, ich hatte mich verrechnet und bin dann eben schwanger gewesen. Für mich ist erst mal eine Welt zusammengebrochen und ich habe es nicht geschafft, die Beziehung zu beenden, weil: Es ist mein jetziger Mann und er hatte sich so auf dieses Kind gefreut, dass ich mich eigentlich nur noch treiben ließ. Ich dachte, es wird schon irgendwie werden.

Wir hatten ziemlich schwere Jahre, haben uns allerdings bewusst für ein zweites Kind entschieden. Aber mein Mann hat dann die Stelle gewechselt und war fünf Jahre lang nur am Wochenende zu Hause. Er ist zwar nachts gekommen, aber es war zwischen zehn und zwölf Uhr, und ist morgens um acht wieder aus dem Haus gegangen.

Im Endeffekt bin ich mit zwei kleinen Kindern allein gewesen. Für mich kam erschwerend hinzu, dass er sehr dominant ist und ich auch zugelassen habe, dass er ... ja, dass ich mich eigentlich in meinem eigenen Leben selbst eingeschränkt habe. Was für ihn richtig war, habe ich als meine Wahrheit angenommen und versucht, so zu leben. Ich habe gemerkt, das geht einfach nicht gut! Dann haben wir gebaut und ...“

Sie denkt kurz nach.

„Das war 1996, als wir in das Haus umgezogen sind und kurze Zeit später meine Schwiegermutter gestorben ist. Die hatte es nicht gerade leicht, ihr ganzes Leben lang nicht. Da bin ich in so eine schwere Depression gefallen.

Ich habe morgens nicht gewusst, wie ich den Tag anfangen soll. Ich wusste nicht mehr, wie ich überhaupt aufstehen und für meine Kinder sorgen soll. Ich bin dann im Sommer 97 zu einem Therapeuten gegangen und habe da angefangen, wieder für mich selbst zu leben. Ich musste lernen, dass ich die letzten Jahre eigentlich immer gegen mich gelebt habe, dass ich versucht habe, ein Leben zu leben, das nicht meines ist. Und zwar bis heute.

Ich musste lernen, dass ich immer noch mein Leben zu leben habe und vor allem musste ich lernen, meinem Mann klar zu machen, dass das mein Leben ist. Ich meine, es war blöd, dass ich die letzten sieben Jahre versucht habe, seines zu leben. Er muss sich jetzt auch damit auseinander setzen.

Mein Mann ist ein Typ, der sich mit Lob sehr schwer tut. Zu Hause hat er die Rolle des Vaters übernehmen müssen, weil sein Vater krank geworden ist. So ist er heute noch, aber es hat sich gelockert. Nur, mit einem Lob tut er sich einfach schwer, mir gegenüber und auch den Kindern. Aber ich sehe, dass unsere Ehe eine ganz andere Qualität bekommt, dass sie auf einer partnerschaftlichen Basis läuft. Ich merke, dass es mir selbst besser geht.

Diese Therapie ging ein gutes Jahr. Während der Zeit habe ich dann angefangen, wieder zu arbeiten. Ich hatte einen Arbeitsplatz, wo eine Frau neben mir gearbeitet hat, die sehr..."

Franziska sucht nach den richtigen Worten.

„Also, sie hat meditiert und hat auch Astralreisen gemacht. Mit der habe ich einen intensiven..., kein Kopfkontakt, sondern mehr Blickkontakt gehabt. Durch Bücher, die sie mir ausgeliehen hat, bin ich auf den Schriftsteller gekommen. Als ich den las, hatte ich zum ersten Mal das Gefühl, dass es jemanden gibt, der so denkt, der so empfindet wie ich. Ich habe das zuvor gar nicht anders gekannt, als dass ich mich immer falsch gefühlt habe.

Ich habe mich am falschen Ort gefühlt, ich habe immer den Gedanken gehabt: Das, was ich denke, mag oder was ich empfinde, das ist nicht das, was die Leute von mir erwarten. Nicht nur mein Mann. Eigentlich schon von klein auf hatte ich im-

mer das Gefühl: Du bist einfach verkehrt. Du bist verkehrt, du gehörst hier nicht dazu, du bist immer außen gewesen.

Ich habe mich dann in all die Esoterik eingelesen. Ich habe von Thorwald Dettlefsen noch andere Bücher gelesen, bin dadurch zu anderen Autoren gekommen und jedes Buch hat mir im Grunde genommen wieder ein Stück von mir zurückgegeben, weil ich gesehen habe, dass das auch meines war, das ist auch mein Gedankengang und so fühle ich, so, wie die das beschreiben. Das ist mein Empfinden!

Durch diese Esoterik hab ich auch gelernt, Verantwortung für mein Leben zu übernehmen. Ich habe schon früher gerne alles auf die anderen geschoben. Ihr seid schuld, du bist schuld, du bist schuld. Jetzt sehe ich: Ich bin verantwortlich für mein Leben, ich muss etwas daraus machen. Ich kann es jetzt auf niemand anderes mehr schieben. Wenn ich mal wieder ein Tief habe, muss ich einfach darauf achten, wo ich stehe und was da gerade passiert. Woher könnte es kommen oder was kann ich dagegen tun? Ich merke, durch diese Beschäftigung mit mir selbst bekomme ich auch mehr Zugang zu meinem Mann. Und vor allem sehe ich das an meinen Kindern.

Ich meine, diese depressiven Phasen, die ich hatte, waren ganz schlimm für meine Kinder. Die haben unbewusst darunter gelitten. Ich konnte es nicht gleich erfassen, was es für sie bedeutet hat. Ich habe heute noch oft ein schlechtes Gewissen. Gott, was war auch damals, was hast du da gemacht?

Aber jetzt bin ich froh, dass ich auf dem Weg bin, auf dem ich sagen kann: „O.k., ich bin verantwortlich für mein Leben, ich kann es meinen Kindern vorleben!" Ich habe jetzt viel intensivere Beziehungen zu meinen Kindern. Es ist so gesehen eine ganz andere Lebensqualität. Ich erfreue mich an so vielem. Ich kann mich darüber freuen, dass ich mit meinen Kindern etwas unternehmen kann."

Mit einem Lachen fügt sie hinzu:

„Mir stinkt es, dass ich keine Zeit habe, um mit meinen Kindern etwas zu machen. Früher war das für mich eher ein Muss, mit den Kindern etwas zu unternehmen und jetzt, jetzt vermisse ich sie richtig! Ich bin gern mit ihnen zusammen, das ist einfach so, das gibt mir so unheimlich viel. Ich meine, gelernt habe ich durch meine Kinder schon auch viel, aber es ist…"

Franziska unterbricht sich, denkt nach.

„Sie gehören zu meinem Leben."

Sie überdenkt noch einmal das Gesagte und fasst dann zusammen:

„Ich sehe, ich habe nur meinen Weg beschrieben, nicht wirklich die Bezüge, die auch noch bestehen."

Nach einer weiteren Pause spricht sie weiter:

„Ich habe jetzt auch das Gefühl, ich bin eine schlechte Mutter, weil ich meine Kinder nicht besonders mit einbezogen habe …, aber ich muss auch sagen, ich bin jetzt so! Ich fühle mich einfach wohl damit, so wie das ist.

Ja, es macht alles Spaß, auch meine Mitmenschen um mich herum zu erleben und eben dies Gefühl für die Kinder. Dass ich jetzt spüre, dass ich Muttergefühle habe, dass ich stolz bin auf meine Kinder, die wissen, was ich ihnen geben kann."

„Ich bin ein Sonntagskind"

Lieselotte

ist 52 Jahre alt, ihre Kinder sind alle über achtzehn. Sie ist gelernte Erzieherin und führt einen Haushalt mit sechs Personen.

„Also: Ich wurde am Pfingstsonntag 1950 geboren und bin bis heute ein Sonntagskind. So habe ich mich immer auch gefühlt, auch wenn ich viele Durstrecken und nicht nur Sonnenschein erlebt habe."

Sie atmet schwer aus und seufzt:

„Aber es ist immer wieder so gut ausgegangen, dass ich mich auch wirklich wie ein Sonntagskind fühlen kann. Finde ich. Im Elternhaus, wo es immer sehr harmonisch war, gab es fünf große Geschwister und ich war Nachzüglerin. Alle haben sich gefreut und meine großen Schwestern waren wie drei zusätzliche Mütter für mich und meine Brüder waren meine Unterhalter. Der Abstand war zu groß, dass sie meine Spielkameraden hätten sein können, und so waren das meine Kaspers und Clowns. Versorgt haben mich größtenteils meine großen Schwestern, meine Eltern waren ja schon älter. Ich bin nach dem Krieg geboren, meine Geschwister sind alle vor oder

im Krieg geboren. Mein Vater ist Spätheimkehrer gewesen, deswegen bin ich auch so viel später geboren. So habe ich es also harmonisch und friedlich und fröhlich in meiner Kindheit gehabt, wie ich es eigentlich jedem Kind nur gönnen könnte.

Wir haben in einem kleinen Städtchen gewohnt, am Rand, mit einem großen Garten. Das war meine Welt. Da bin ich dann auch in die Schule gekommen. Ich war noch keine sechs Jahre alt und sehr klein und dünn. Meine Mutter wollte mich lieber noch daheim behalten, weil ich die Letzte in meinem Jahrgang war. Stichtag war Ende Juni und im April wurde eingeschult. Man musste mich dann doch in die Schule nehmen und es hat mir gut gefallen. Mit der Lehrerin bin ich auch gut klar gekommen.

Ich habe immer in Harmonie gelebt und konnte es mir gar nicht vorstellen, dass es Menschen gibt, die mir Steine zwischen die Füße werfen. Bis ich dann die Schule gewechselt habe. Bei uns war das Gymnasium relativ weit weg, darum bin ich auf die Realschule gegangen. Da gab es eine ganz böse Direktorin, die es, aus welchem Grund auch immer, auf mich abgesehen hat, und die mich richtig getriezt hat.

Da habe ich zum ersten Mal in meinem Leben gemerkt: Es gibt Leute, die haben etwas gegen mich, die können mich nicht leiden. Das war für mich ein ganz einschneidendes Erlebnis, dass es solche Dinge unter Menschen gibt. Aber trotz allem bin ich ganz gut klar gekommen.

Dann habe ich mit acht Jahren meine erste Nichte bekommen. Weil meine Geschwister so viel größer waren, habe ich so früh schon eine Nichte bekommen. Dieses Kind war für mich ein Geschenk, ich war ja immer die Kleinste! Sie wohnten zwar nicht in unserem Ort, aber man hat sich oft besucht. Ich habe sie wie meine kleine Schwester aufwachsen gesehen. Dann kamen noch die anderen Nichten dazu. Aber dieses ganz wichtige Kind, das war für mich so ein schönes Erlebnis...

In der Umgebung der Familien von meinen Geschwistern waren auch Kinder und ich bin sehr gerne mit denen umgegangen. Dann war irgendwann klar, ich werde Kindergärtnerin. Die Ausbildung hat mir sehr viel Spaß gemacht und es hat mich auch sehr gereizt, endlich in den Beruf rein zu gehen. Ich habe mich dann aber entschieden, zu behinderten Kindern zu gehen und habe dann in einer Tagesstätte für behinderte Kinder gearbeitet. Da habe ich meine eigentliche Aufgabe gesehen, weil man da differenzierter am einzelnen Kind arbeiten konnte, als in der großen Gruppe, die damals wesentlich größer waren als heutzutage.

In dieser Zeit habe ich dann auch meinen Mann kennen gelernt. Er kam aus Bayern und ich bin im Norden aufgewachsen, an der dänischen Grenze. Da lag tatsächlich eine Welt dazwischen! Nicht für meinen Mann und mich, aber für die Familie meines Mannes.

„Du wirst doch nicht wohl eine Preußin heiraten wollen!"

Ich habe immer gedacht, das wären Witze, die man von Bayern und Preußen erzählt. Aber das ist wirklich Realität, und das hat mich auch schockiert!

Aber mein Mann hat dann doch die Preußin geheiratet und irgendwo hat es dann auch mal eine Wertschätzung gegeben," meint sie und lacht.

„Von Seiten des Schwiegervaters!

Mittlerweile verstehen wir uns sehr gut. Ich habe ihn eigentlich immer sehr gern gemocht und irgendwann durfte ich das dann auch zeigen.

Die Mutter war schon lange gestorben, sodass ich keine Schwiegermutter erlebt habe.

Im Jahr 1973 haben wir geheiratet und dann sind wir in den Süden Deutschlands gezogen. Ich bin von der dänischen Grenze weg und mein Mann ist aus Bayern weggezogen, weil da auf ihn eine sehr interessante Arbeit nach dem Studium wartete. Ich hab auch sofort eine Arbeitsstelle in dem Städtchen gefunden und die Leitung von einem Kindergarten gehabt.

Das war eigentlich ganz gut so. Wir konnten außerhalb der Familie zueinander finden, nur auf uns beide gestellt. Beide Familien waren weg und wir konnten uns zusammenraufen.

Bis 1975 habe ich im Kindergarten gearbeitet und dann mein erstes Kind geboren, eine Tochter. Ich bin dann auch nicht mehr in den Kindergarten zurückgegangen, weil ich dieses Kind heranwachsen sehen wollte. Ich hatte einige Angebote von Großmüttern oder Eltern von Kindergartenkindern, die gesagt haben: „Bleib doch, wir übernehmen dein Kind!“ Ich wollte das aber nicht.“

Lachend fügt sie hinzu:

„Es war mir nicht gut genug.“

Dann erzählt sie weiter:

„Zwei Jahre später habe ich dann einen Sohn geboren. Das war auch alles wunderbar: Ein Mädchen und ein Junge, ein Herz und eine Seele.

Mein Mann hat immer sehr viel gearbeitet, aus diesem Grund war ich sehr viel auf mich selbst gestellt. Wir haben unseren Freundeskreis aufgebaut, aber die eigene Familie war immer sehr weit weg. Wenn ich irgendwas für mich persönlich arrangieren wollte, dann war das schier unmöglich. Dann haben wir uns gesagt, das kann nicht sein, dass wir für uns als Paar nichts tun. Wir sollten schauen, dass wir für uns selbst etwas machen können. Ab und an kam dann ein Babysitter und ab da haben wir dann auch was an Kultur und Filmen und so machen können. Ich habe danach gehungert.

Gleichzeitig haben wir nach einem Haus gesucht, irgendwo in der Umgebung. Wir wohnten damals in einem Mietblock mit 44 Familien, das war eine solche Beobachterei! Und das hat uns so genervt! Wir wollen für uns allein sein, irgendwo.

Wir haben dann ein altes Haus gefunden, in einem Dorf...“
Ihre Stimme klingt verträumt, sie macht eine kleine Pause und fährt dann in ihrer Erzählung fort. Ihr Tonfall ist wieder so nüchtern und sachlich wie zuvor.

„ ... und sind da hingezogen. Das Haus war mitten im Dorf, die Beobachtung war auch da, aber nicht so wie es vorher war. Wir wohnten allein, in einem eigenen Haus. Die Kinder konnten springen und schreien wie sie wollen, es kommt niemand von unten hoch, die können schreien wie sie wollen, es kommt niemand von oben runter.

Da haben wir uns eingerichtet und nach und nach das Haus renoviert. Das Haus wurde gebaut um 1880, das war völlig marod. An irgendeiner Ecke bröckelt es immer, sodass immer was zu machen ist, das geht bis heute so.

Dann wurde auch sehr bald unser drittes Kind geboren, eine Tochter, 1980. Da haben wir gedacht, wir sind komplett. Und ich habe dann auch schon wieder so ein bisschen die Fühler ausgestreckt mit der Frage: „Was kannst du machen?“

Ich hatte unseren Alltag mittlerweile ganz gut im Griff und dazu eine nette Nachbarin, die auch zwei Kinder im Alter von unseren Kindern hatte. Das harmonierte wunderbar: Wir haben uns gegenseitig die Kinder abgenommen, dass jede ein bisschen Eigenleben bekam. Ich bin in die Frauengemeinschaft gegangen, und dann hat sich das vierte Kind angemeldet.

Ja, zu Anfang war es wie ein riesiger Berg vor mir, das vierte Kind. Das fing schon mit dem Auto an: Wie fahren wir jetzt zu den Großeltern mit den vier Kindern im Auto? Der Kinderwagen musste ja auch noch rein. Das ging nicht! Und dann noch die finanzielle Belastung: Wir kamen immer gerade über die Runden, aber ein größeres Auto kaufen, das war alles ein Problem. Aber irgendwie haben wir es doch geschafft, und dann ist das vierte Kind geboren.

Das war dann wohl der ...“

Zögernd spricht sie weiter, eine kleine Pause zwischen jedem Wort: „ *... einschneidendste Augenblick in meinem Leben.*“
Weinend sagt sie: „*Das Kind war behindert. Wenn ich das jetzt wieder erzähle, dann kommt alles wieder so hoch!*“
Lieselotte weint und spricht dann schluchzend weiter:

„*Heute rührt mich das immer noch, obwohl ich weiß, dass die Geschichte gut ausgegangen ist. Aber daran zu denken, wenn man drei gesunde Kinder hat und das vierte Kind ist körperlich behindert, das war so fern..., das hat uns sehr belastet.*“
Sie hat sich wieder gefangen und spricht in gewohntem Ton weiter:

„*Die Entbindung war in Solothurn in der Schweiz. Das war eine schwierige Schwangerschaft gewesen und ich musste in die Klinik. Zuerst hatte ich mit meiner Nachbarin, die Hebamme ist, überlegt, zu Hause zu entbinden, aber ich konnte nicht. Dann wurde das Kind nach Basel in die Kinderklinik gebracht, und das war eine akute Gefährdung, denn das Kind kam mit einem offenem Rücken zur Welt.*

Es wurde gesagt, es wird nicht laufen können, es wird seine Lage und seine Beine nicht unter Kontrolle bekommen, weil diese Funktionen alle im unteren Bereich der Wirbelsäule liegen. Das wäre dann der günstigste Fall. Seinen Kopf und seine Hände wird es wohl benützen können.

Nachdem das Kind sein Geburtsgewicht wieder hatte, wurde es in Basel operiert, und da habe ich wirklich Positives erfahren. Ich glaube, in einem deutschen Krankenhaus wäre das damals, 1985, noch nicht möglich gewesen.

Das Kind wurde in ein winzig kleines Zimmer gelegt mit Sessel und Stehlampe und Plüschvorhängen, also man konnte eine geborgene Atmosphäre für das Kind schaffen. Wir sind jeden Abend die hundert Kilometer nach Basel gefahren. Ich hab das Kind gestillt, tagsüber die Milch abgepumpt und mit-

genommen in die Milchbank, und so haben wir dann einen Kontakt zu dem Kind aufbauen können.

Als es für eine weitere Operation in eine deutsche Klinik verlegt werden sollte, hatte das Kind eine Wundinfektion und konnte nicht transportiert und nicht operiert werden. Es musste erst einmal diese Infektion ausheilen und während dieser Zeit hat sich dann eine zweite Operation erübrigt. Es sollte ein Schlauch in den Kopf gelegt werden, weil ein Gehirndruck da war und der hat sich dann normalisiert."

Nach einer kurzen Atempause spricht sie weiter:

„Dann brauchte das nicht mehr gemacht zu werden. So war diese negative Sache, diese Infektion, dieser große Schrecken, dafür gut, dass dann keine Operation gemacht werden musste und es ist langsam, langsam geheilt. Als das Kind nach Hause kam, wurde es höchste Zeit, dass die Geschwister mal Kontakt aufnehmen konnten, denn sie durften nicht in die Klinik, wegen der Infektionsgefahr für die ganze Station.

Dann haben wir sehr gute Leute getroffen. Eine orthopädische Ärztin, schon an Ort und Stelle in der Klinik. Sie betreut uns bis heute mit der Tochter. Sie hat uns immer wieder Krankengymnastik vermittelt und gesagt was zu tun ist, damit man die Beine wieder richtig bekam. Das Kind hat in einem Gipsbettchen geschlafen.

Das war eine ganz wichtige Person in unserem Leben. Sie hat uns so unterstützt und so motiviert, weiterzumachen und nicht alles zu glauben, was die Mediziner einem so alles erzählen. Sie hat uns vollkommen andere Wege gezeigt."

Lieselotte macht eine Pause, spricht dann ruhig weiter:

„So hat sich das dann sehr schnell zum Guten gewendet, dass es mit 15 Monaten laufen konnte, durch die Gymnastik. Irgendwann war es dann auch mal gymnastikmüde. Die Therapeutin war eine so einfühlsame Frau, die hat es mit Musik versucht und das Kind ist darauf abgefahren. Sie hat dann gesagt:

„Bringen sie das Kind doch ins Ballett! Das Kind kann so gut laufen und ein ungeübtes Auge merkt es ihm nicht mehr an.“

Dann hat das Mädchen Ballettunterricht gehabt und ist da aufgeblüht, hat sogar auf der Bühne im Stadttheater gestanden und tanzen können! Das ist bis heute ihre große Leidenschaft. Sie ist inzwischen 16 Jahre alt und niemand sieht dem Mädchen an, dass es geburtlich so belastet ist. Sie macht ihre Ausbildung und ist in einem Jahr fertig und kann dann ein eigenständiges Leben führen. Sie wird auch mal Kinder bekommen können, die gesund sind. In der genetischen Forschung hat man so einiges gemacht.

Das war die eine Schiene, über die Kinder. Der andere schlimme Einschnitt für mich war, ...“

Sie spricht gedehnt, versucht, den neuen Faden aufzunehmen.

„ ... dass die Firma meines Mannes in große Schwierigkeiten gekommen ist.“

Sie denkt kurz nach.

„1995 war das. Durch Misswirtschaft und wirtschaftliche Fehler und Machenschaften und Verstrickungen von Banken und Firmenmanagern sind einige Dinge ganz schlimm gelaufen, sodass die Firma vor dem Konkurs stand. Das konnte noch mal abgewendet werden. Inzwischen ist auch die komplette Firmenmannschaft ausgewechselt worden, zum Teil aus Gründen der normalen Altersstruktur und zum Teil auch, weil es den Leuten irgendwie zu heiß wurde und sie sich in gesünderen Firmen verpflichtet haben. In dieser Situation wurde mein Mann Frontmann und das hat die Familie ganz schön gebeutelt, weil die schlimmen Jahre da erst anfingen.

Die Konjunktur ging runter, die Firma musste so viel an Zinsen aufbringen, dass es immer weiter ins Minus ging. Schließlich hat sich ein Käufer gefunden und die Firma wurde entschuldet, sodass wieder ein Aufbau stattfinden konnte. Das hat für die ganze Familie einen Wahnsinnseinschnitt gegeben, weil der Vater für familiäre Dinge nahezu nicht ansprechbar war. Die Kinder waren in einem schwierigen Alter und hörten oft: „Nee, heute geht's nicht." Sie fragten ständig: „Kann ich es ihm heute sagen, oder muss ich bis morgen warten?"

Man hat also mit sehr vielen Dingen selber fertig werden müssen, bei denen man eigentlich auf den Partner angewiesen gewesen wäre. Heute sage ich, dass ich dadurch um einiges selbstständiger geworden bin, als ich es vorher schon war. Vorrangig war nun auch mal, dass wir mit unserem großen Haus existieren konnten. Mittlerweile hat sich die Sache geglättet und es herrscht wieder Harmonie. Der Partner ist auch als Vater wieder da.

Mein Mann hat mit den Kindern immer gemeinsame Zeiten gehabt, soweit er die Zeit aufbringen konnte. Eigentlich waren wir jeden Tag gemeinsam mit den Kindern zusammen. Das waren keine Stunden, wie das oft bei anderen Leuten der Fall ist, die um vier oder fünf Uhr Feierabend haben, aber das war dann der Abend, und wenn es nur für eine Stunde war. Es war ihm auch immer wichtig, dass wir mindestens eine Mahlzeit, oder wenn möglich zwei Mahlzeiten eventuell auch noch das Frühstück miteinander haben konnten.

Das Näherkommen begann schon in der Endphase des Konkurses, als mein Mann endlich über seine Nöte sprechen konnte. Vorher hat er eher zynisch auf die Frage reagiert, wie es ihm geht, ob ich ihm helfen kann.

Er war immer abblockend und eher zynisch. Dann hat er das auch überwunden, dass er es wohl auch als einen persönlichen Misserfolg erlebt hat, sich selbst Vorwürfe gemacht hat, obwohl er überhaupt keinen Vorwurf an dieser Stelle verdient hat. Aber es waren die Sorgen und sein Verantwortungsbewusstsein den zweitausend Menschen gegenüber.

Jetzt haben wir schon erwachsene Kinder. Der Sohn heiratet in diesem Jahr, die älteste Tochter hat im vergangenen

Jahr einen Peruaner geheiratet, den sie in unserem Haus kennen gelernt hat. Wir betreiben und betreuen ein Patenschaftsprojekt mit Peru. Wir sind sehr glücklich über diese Verbindung, weil es einfach ein sehr attraktiver, positiver Mann ist, den sie gefunden hat. Sie erwartet jetzt ihr erstes Kind und wir sind dann Großeltern, also in einer ausgeglichenen Sonntagskindsituation.

Das muss ich schon sagen. Vielleicht empfinden sich andere Leute, die das Gleiche erlebt haben, nicht als Sonntagskind, aber ich denke, es ist immer wieder positiv ausgegangen. Deswegen sehe ich die Sonntagskindsituation und einfach auch dieses Geliebtsein und Aufgehobensein, das ich immer durch mein ganzes Leben erfahren habe."

Lieselotte schließt, kurz und knapp:

„Das war's."

„Nicht nur einfach daheim sein"

Rosmarie

ist 62 Jahre alt, verheiratet und hat drei Kinder. Sie lebt in einem Drei-Personen-Haushalt. Sie hat die Hauptschule abgeschlossen und ist als Hausfrau tätig.

Wir sitzen in Rosemaries Garten, immer wieder zwitschern die Vögel im Hintergrund.

„Ja. Also ich fang am besten ganz am Anfang an," sagt sie und klopft auf den Holztisch. *„Also ich bin ..."* Sie sucht nach Worten.

„... auf dem Land geboren, und zwar im Krieg, also 1942. Ich bin als zweite Tochter geboren und zwar, nachdem Vati oder Vater – wir haben Vati gesagt.

Also, der war schon im Krieg und war später kurz mal in Urlaub da, hab ich mir sagen lassen. Und ich war dann die Urlaubserscheinung. Und ... ja, dann kam die Zeit wo wir ..., also alle an der Grenze zu Frankreich wurden evakuiert. Das war, glaub ich, 45.

1945 wurden wir evakuiert, ins Hinterland. Wir zum Beispiel nach Oberkirch. Aber das war ganz verschieden, wo die Leute hingebracht wurden."

Sie macht eine kurze Pause.

„Ja, da war ich ein Baby. Ich selber weiß da davon nichts, aber man hat es mir halt so erzählt. Und danach, ich war schon acht Jahre alt, als ich den Vater kennen gelernt habe. Also, als der heimgekommen ist, aus russischer Gefangenschaft, war ich acht. Meine ältere Schwester war elf.

Gut, ich hab den Vater in Erinnerung als uralten Mann. Der kam wirklich wie ein alter Mann, mit Zahnlücke und hat schlimm ausgesehen, ganz abgemagert. Daran kann ich mich gut erinnern. Er hat uns gar nicht erkannt. Er hat uns sogar verwechselt mit den Nachbarskindern, weil Nachbarskinder da waren, die zur Verwandtschaft gehört haben und, ja, er musste sich erst einmal sortieren, wer was ist. Wer wer ist, wer seine Kinder sind und wer Nachbarskinder sind.

Ja, dann ging's halt so ärmlich weiter nach dem Krieg. In die Schule sind wir am Ort bei uns daheim gegangen. Es war gar nichts anderes möglich für uns. Nach dem Krieg kamen dann noch einmal zwei Geschwister, erst der heiß geliebte Sohn!"

Hier lacht sie. *„Der kam dann nach dem Krieg, 51. Und dann noch einmal die jüngste Schwester, 56.*

Dann bin ich in die Volksschule. Damals hat sich eigentlich niemand darum gekümmert, was ich mache, wenn ich aus der Schule komme. Ja, das war noch die Meinung: Das ist ein Mädchen und Mädchen heiraten ja sowieso und sind dann versorgt. Und ja, wir hatten damals ein wenig Landwirtschaft. Mein Vater ging zwar arbeiten, aber wir daheim haben einen Nebenerwerb gemacht. Meine Mutti war oft kränklich. Sie konnte oft einfach nichts arbeiten und so. Ich muss sagen, damals haben wir als Kinder eigentlich ein wenig darunter gelitten."

Nach einer kurzen Pause atmet sie tief aus und setzt fort:

„Ja, dann wollte ich einfach Geld verdienen.

Ich habe mich nicht nur zu Hause gesehen. Und ich meine, Arbeit habe ich daheim genug gehabt. Dadurch, dass Mutti eben nicht immer fit war, gab es von morgens bis abends irgend etwas zu tun: Das Vieh versorgen, oder das Gemüse, oder im Haushalt ... Die jüngeren Geschwister waren ja dann auch noch zu hüten ...

Dann dachte ich: Nein, also ich will einfach nicht nur daheim sein. Bei uns am Ort gab es eine Fabrik, Tabakverarbeitung. Da wurden Zigarren und Stumpen hergestellt. Ich dachte, da gehe ich einfach mal hin und frage, ob ich da mal arbeiten darf. Einfach um Geld zu verdienen."

Hier lacht Rosemarie auf:

„Und das habe ich gemacht, mit klopfendem Herzen. Niemand wäre da mit mir gegangen oder hätte mich da unterstützt. Ich bin dann dahin und wollte testen, wie das ist auf der Fabrik und ich musste arbeiten. Gut, ich durfte da anfangen, aber es war nichts Richtiges. Ich merkte, das ist für mich nichts, da bin ich nicht mehr so frei. Also, es gab furchtbaren Klatsch und Tratsch und ich war da so jung und habe mich nicht wohl gefühlt. Da habe ich dann wieder aufgehört. In einem Café am Ort habe ich noch in der Schulzeit Kinder gehütet. Und dann auch ein bisschen etwas dafür bekommen, halt am Sonntag, denn Taschengeld gab es damals nicht. Ich habe von daheim kein Taschengeld bekommen.

Und so war ich in dem Café am Ort. Es liegt ungefähr zwei Kilometer vom Ort weg, ein schönes Ausflugsziel, da war sonntags immer viel los. Denen habe ich erst mal die Kinder gehütet und als ich alt genug war, durfte ich auch bedienen, am Sonntag. Das hat mir eigentlich Spaß gemacht und es ging dann auch eine Zeit lang so.

Dann wollt ich eben wieder etwas anderes. Irgendwas machen, was anderes, vor allen Dingen fort von daheim, das wusste ich dann. Fort von daheim, auf die Kochschule, so nannte man das damals. Nach dem Volksschulabschluss mussten wir drei Jahre in die Pflichtkochschule. Das war dann meist zweimal in der Woche. Und als das dann vorbei war, habe ich mir eine Stelle im Haushalt gesucht. Ich habe mich wieder selbst darum gekümmert und kam dadurch in die Stadt, da habe ich zur damaligen Zeit gearbeitet. Mein Vater konnte mich montags morgens immer mitnehmen. Ich war fünf Jahre im Haushalt, einem Arzthaushalt.

Es war eine schöne Zeit für mich, das muss ich sagen. Also ich habe mich wohl gefühlt. Es war einfach eine Bereicherung für mich, für mein damaliges Leben. Und, ja, am Anfang war das noch so üblich, dass man in der Woche einen freien Mittag hatte. Der hat ja nicht gereicht zum heimfahren, da bin ich eben in die Stadt gegangen. Ich hatte da immer mal etwas privates einzukaufen gehabt. So hab ich das verbracht, ja.

Langsam hatte ich dann einen Freund und der Sonntag war nur alle zwei Wochen frei. Ja, das passte mir eben nicht, dass man sich alle 14 Tage mal sieht. Von andern habe ich gehört, dass die jeden Sonntag frei haben. Nach einer gewissen Zeit hab ich dann halt auch gefragt. Und dann bekam ich auch jeden Sonntag frei. Also gut, bin ich am Samstagabend mit dem Zug heimgefahren, Montagmorgen wieder mit meinem Vater in die Stadt. Und mein damaliger Freund ... „
Dieser Ausdruck amüsiert sie, sie lacht fröhlich.

„Mein zukünftiger Mann, der kam aus einem Dorf, so ungefähr dreißig Kilometer von der Stadt entfernt und er war der einzige Sohn. Er sagte, er baut bei sich daheim den zweiten Stock aus und wenn er damit fertig ist, dann heiraten wir. Es war gut, wir kannten uns ja schon seit mehr als fünf Jahren, die ganze Zeit, während ich in Offenburg war. Also um den Umbau habe ich mich gar nicht so gekümmert. Und tatsächlich eines Tages hat er gesagt: „So, jetzt ist es so weit, jetzt kannst du kündigen.“

Wieder ihr herzliches Lachen.

„Was mir dann eigentlich sehr schwer gefallen ist, das muss ich sagen, ich habe mich damals wohl gefühlt. Ich hatte dann schon ein wenig Angst davor, was da nachher kommen soll. Aber es war auch nichts, ich habe mich schon gefreut auf meinen Mann und darauf, eine eigene Familie zu gründen.

Aber es war dann alles ein bisschen anders, als ich es mir vorgestellt habe."

Nach einer Pause erzählt sie weiter:

„Die Schwiegereltern kamen aus der Landwirtschaft. Ja, Landwirtschaft, die war bei uns sehr vielschichtig. Also man hat nie eigentlich eine große Pause gehabt, es war immer was zu tun. Ich meine, das mit der behinderten Tante habe ich von Anfang an gewusst, das war für mich auch kein Problem. Also, die Tante war die Schwester meiner Schwiegermutter und ich hab sie eigentlich ein wenig ins Herz geschlossen. Und habe gleich gewusst: das wird einmal meine Aufgabe. Sie war ja auch bedeutend jünger als die Schwiegermutter, also lebt sie eigentlich auch länger. Ja, das konnte ich gut annehmen. Wir hatten zwar oben eine Wohnung gehabt im zweiten Stock für uns, aber durch das ...

Mein Mann war der einzige Sohn und der war ja in der Lehre und hat hinterher noch gearbeitet. Da hat sie sich schon gefreut, dass jetzt endlich eine Frau ins Haus kommt, eine junge, und dass die einfach automatisch so mithilft. Die Schwiegermutter hat ja nie jemanden gehabt, der ihr im Haushalt geholfen hätte, sie war ja immer allein. Sie hat das von mir erwartet, das hab ich eben gespürt und gemerkt.

Mir hat das nicht gepasst, aber ich war ja noch jung und ich habe mich gar nicht getraut zu erwähnen, dass ich lieber für mich sein wollte, dass wir da oben drin wohnen für uns und sie da unten für sich. Wo mein Mann ja auch den ganzen Tag fort war.

Er hat gearbeitet, ging morgens und kam abends wieder zurück. Dann ging das nicht, dass ich mittags koche und mein Mann daheim gegessen hätte. Das war ja unmöglich, wenn man miteinander arbeiten soll.

Also gut, ich bin also ein wenig ins kalte Wasser geworfen worden, so habe ich mich gefühlt. Ich war seit dem Tag, an dem wir geheiratet haben in dieser Familie fast allein, ohne meinen Mann eigentlich. Ich war nicht so ganz zufrieden, die erste Zeit war für mich nicht schön.

Mein Wunsch war immer, eine eigene Familie zu haben. Und dann kam auch bald unsere erste Tochter. Im Frühjahr 64 haben wir geheiratet und im Frühjahr 65 ist unsere Tochter zur Welt gekommen. Und da hab ich wieder die Hoffnung gehabt: Jetzt können wir es wagen, etwas für uns zu tun. Und da war er ja beleidigt ...

Solche Entscheidungen musste ich immer alleine treffen, denn mein Mann war ja tagsüber einfach nicht da. Wir hatten wirklich nur Schlafzimmer und Bad oben eingerichtet. Tagsüber habe ich mit meinen Schwiegereltern zusammen gearbeitet, gekocht, und abends waren wir ja im Wohnzimmer oft noch vor dem Fernseher zusammen. Eigentlich sind wir erst zum schlafen für uns gewesen. Die ersten Jahre habe ich schon arg darunter gelitten.

Beim zweiten Kind, drei Jahre später, habe ich dann halt gesagt: So, jetzt muss es geschehen, jetzt muss es eine Änderung geben. Dann gingen wir nach unten: Also, sie waren zu dritt, die Schwiegermutter, der Schwiegervater, die Schwester von meiner Schwiegermutter, also die Behinderte. Dazu dann unsere beiden Kinder, mein Mann und ich, nein, also das ist zu viel! Es ist nicht leicht gefallen und ich habe es auch lange vor mir hergeschoben. Wie mache ich das? Wie bringe ich meiner Schwiegermutter schonend bei, dass wir jetzt einfach oben für uns sein wollen?

Sie war eigentlich eine gute, liebe Frau und trotzdem gab es manchmal eben Schwierigkeiten, eigentlich meist wegen der Kinder. Weil ich es eigentlich anders haben wollte als sie es gemeint hat. Sie hatte da wohl Nachholbedarf. Sie hat sich ja riesig gefreut auf Enkelkinder und da war ich manchmal ein wenig stur. Aber das sehe ich erst jetzt, erst später hab ich das eingesehen. Dann hab ich´s einfach durchgeboxt.

Und dann nach einer Zeit hatte ich es dann tatsächlich geschafft, dass wir oben unsere Küche eingerichtet hatten und wir einfach ein wenig für uns waren. Mein Mann hat auch den Arbeitsplatz gewechselt und eine Zeit lang in Schichten gearbeitet.

Am Anfang war ein wenig Unverständnis. Das war so ein bisschen, ... , wie soll ich sagen ...“

Hier legt sie eine längere Pause ein, spürt der Geschichte noch einmal nach.

„ ... ein wenig eine schwierige Situation am Anfang, als wir das dann vollzogen haben. Wir haben dann aber auch geklärt, dass wir immer am Sonntag zusammen essen. Also am Sonntag unten und während der Woche oben bei uns. Dann hat es sich eingebürgert, dass man am Sonntag immer mehr kocht, dass es dann immer für den Montag noch gereicht hat. Dann waren wir also immer sonntags und montags unten gemeinsam zusammen zum Essen.“

Rosemarie atmet tief durch und fasst dann zusammen:

„So ist das dann irgendwie dahin geplätschert. Ich war ja trotzdem viel mit ihnen zusammen und die Kinder waren oft unten. Weil wir einfach miteinander gearbeitet haben.“

Rosemarie lächelt, als sie weiter erzählt:

„Und am Sonntag habe ich mir meine Kinder geschnappt und bin in mein Elternhaus, zu meinen Eltern, das war dann so ein Sonntagsvergnügen. Mein Mann hat zu damaliger Zeit noch aktiv Fußball gespielt. Und unsere Eltern, also meine

Eltern, waren ja eigentlich immer froh, wenn wir gekommen sind. Das war für mich schön, damals. Meine älteste Schwester ist eine Zeit lang auch oft gekommen, und so haben wir uns getroffen.“
Hier denkt sie nach. Spricht, denkt wieder nach: *„Also: Irgendwann haben wir dann auch wieder mal darüber gesprochen, wie das denn wäre, mit noch einem Kind oder nicht.“*
Rosemarie lacht wieder. *„Wir haben uns darauf geeinigt, dass es egal ist. Es darf einfach geschehen. Und tatsächlich: Es ist geschehen, nach ...“* Sie rechnet nach: *„ ... nach sieben Jahren! Da ist die Dritte gekommen. Alles Mädchen, was uns aber nichts ausgemacht hat, gar nichts! Ab da ist es für mich eigentlich leichter geworden,“* lacht sie.

„Ich habe erst viel später festgestellt, dass ich die ersten Jahre nicht wiederholen wollte ..., ich sag mal: Die ersten zehn Ehejahre. Mit dem dritten Kind waren wir dann wirklich eine geschlossene Familie. Wir waren für uns und ich hatte viel mehr vom dritten Kind, als ich von den anderen gehabt habe. Ich habe es genossen! Es hätte alles nur ein bisschen schneller kommen dürfen...

Ja, ich war älter, reifer. Ich habe einfach die Entwicklung mehr genossen. Die Größeren haben sich auch auf das Baby gefreut. Ja, es war schön! Im Nachhinein betrachtet haben wir jetzt viel mehr Zeit zusammen, mein Mann und ich. Das hätten wir versäumt, wenn wir das dritte Kind nicht hätten.“

„Man hätte so viel versäumt ...“ fügt sie versonnen hinzu. *„Und später sind wir einfach dabei geblieben.*

Irgendwann ist dann der Schwiegervater krank geworden. Parkinson nennt man die Schüttellähmung. Er hat ja so gezittert! Dann ist auf meinen Mann, auf uns alle eigentlich, viel mehr Arbeit zugekommen. Die Schwiegereltern haben eben die Landwirtschaft aufgebaut und das war ihnen schon wichtig. Besonders der Oma war's wichtig.“

Nach einer langen Pause fährt sie nachdenklich fort:

„Ja, es war dann wieder eine schwierige Zeit, mit dem Schwiegervater. Die Oma war da gefordert: Einerseits hatte sie ihre Schwester zu versorgen, andererseits den Mann. Es fing langsam, schleichend an und man wusste: Die Parkinson'sche Krankheit, die endet im Rollstuhl. Das hat der Hausarzt damals schon gesagt. Was man sich gar nicht vorstellen konnte, aber es ist dann tatsächlich so gekommen. Er ist also eines Tages im Rollstuhl gelandet. Irgendwann versagen die Beine, die Steuerung im Gehirn geht nicht mehr. Er konnte nur noch geradeaus gehen, wenn er um die Kurve wollte, dann stand er da, hat gezittert, vibriert und konnte nicht weiter. So kam der Opa tatsächlich in den Rollstuhl. Da hatten wir dann ein paar Jahre zwei Rollstühle in unserer Familie."

Rosemarie kann sich ein kurzes Lachen nicht verkneifen.

„Dann bekam er noch Hautkrebs am Bein. Er wurde nicht gleich erkannt, denn die Oma hat es dem Arzt nicht gezeigt. Sie hatte Angst vor dem Krankenhaus."

Pause.

„Das war dann wieder einmal eine schwierigere Zeit, weil ich schon mitgeholfen habe mit dem Opa. Dann hat die Schwiegermutter Hüftprobleme bekommen. Die war hinterher hüftoperiert. Aber dadurch kam dann die Sozialstation ins Haus. Als die Oma als Hilfe auch noch ausgefallen war, konnte ich nicht den Opa und dazu noch die Tante versorgen. Die ist jetzt siebzig und lebt immer noch. Und die Oma wurde an der Hüfte operiert, ist wieder zurück gekommen. Und dann haben wir das eben gemeinsam gemacht. Wir schon oben und sie unten, also so gut es gegangen ist."

Sie denkt nach.

„Dem Opa ging es immer schlechter, er hat schwer abgebaut in dieser Zeit. Dann, im Mai, wurde ihm der Fuß abgenommen.

Das war ganz schlimm für die Oma. Aber für ihn war es nicht schlimm, er konnte ja sowieso nicht mehr gehen. Dadurch war es für ihn gar nicht schlimm. Also er hat sofort eingewilligt. Er hatte dann keine Schmerzen mehr durch den Hautkrebs. Man hat das Bein zur Sicherheit oberhalb vom Knie amputiert. Er konnte danach schon noch im Rollstuhl sitzen. Ich weiß nicht mehr, wie lange er danach noch gelebt hat. Er konnte daheim sterben, im Mai 85.

Eine Riesenerfahrung war hinterher meine Schwiegermutter für mich: Für sie war die Lebensaufgabe erfüllt. Die Ehe der beiden war sehr harmonisch. Also ich hab nie ein Widerwort gehört, von der Schwiegermutter zum Schwiegervater. Wenn sie Dampf abgeladen hat, hat sie es an ihrer Schwester abgelassen. Mit der, da ging es immer, aber mit dem Schwiegervater nicht. Und die Pflege war anstrengend für sie. Am Schluss hat sie nachts oft keine Ruhe gehabt, weil sie ihn umbetten musste.

Als er tot war, hat sie abgebaut. Sie war vorher nicht krank, aber sie hat abgebaut, sie verlor an Gewicht. Ich bin mit ihr von Arzt zu Arzt, ich wollte wissen: Was ist mit der Oma los? Vielleicht gibt es ja in ihrem Körper eine Ursache dafür, dass sie abnimmt, dass sie weniger wird ...

Warum? Ja, es erschien mir so seltsam! Irgendwann hat man zwar Zucker entdeckt, aber das war nicht das Ausschlaggebende. Ich hatte das Gefühl, es war ihre Lebensaufgabe. Sie wusste: Ihre Schwester kann sie mit gutem Gewissen bei uns lassen. Die ist versorgt, die wird versorgt und ihr Mann ist jetzt auch versorgt. Und sie will jetzt nicht mehr. Sie will nicht allein sein.

Gegen Ende des Jahres hat sie oft gesagt, sie hat so Angst vor den ersten Weihnachten allein. Obwohl sie ja nicht allein war, wir waren ja im Haus und wir haben Weihnachten immer zusammen verbracht. Aber das war es nicht.

Sie wollte ihn nicht alleine lassen. Sie wusste, er ist irgendwo allein, auch wenn er an einem guten Ort war. Sie war sehr christlich. Ich habe mir oft ein Beispiel an ihr genommen, mehr im Nachhinein, als zu der damaligen Zeit. Sie hat wirklich darum gebetet, dass sie nicht krank wird, nicht pflegebedürftig. Sonst hätte sie ja mir ja zwei Kranke aufgebürdet. Sie wusste, das geht nicht. Hoffentlich wird sie nicht pflegebedürftig. Sie hat wirklich gebetet und gebittet und das, wo sie mit Krankenhäusern und Doktoren so überängstlich war. Und siehe da, kurz vor Weihnachten bekommt sie Atemnot in der Nacht. Wir haben den Notarzt geholt, sie kam ins Krankenhaus – und man hat noch einen Herzschrittmacher eingesetzt und sie ist ...

Es hat einfach nicht mehr gereicht, die Ärztin hat gesagt, sie muss es selbst auch schaffen, der Schrittmacher kann es nicht allein. Innerhalb drei Tagen war sie tot.

Sie war nur auf der Intensivstation, sie ist gar nicht in ein normales Zimmer gekommen. Und es war gerade noch so viel Zeit, dass wir sie noch vor Weihnachten, am Heiligen Abend beerdigen konnten. Und für mich wurde so klar, dass ihr Wunsch erfüllt wurde. Sie durfte noch an Weihnachten zum Opa. Sie mussten nicht alleine feiern. Sie hat kein Krankenlager gehabt.

Früher hab ich's nicht so gesehen, aber später immer mehr. Es war ihr Wunsch und ich glaube, sie war nicht krank. Sie war natürlich sehr verbraucht, denke ich. Das Herz war verbraucht. Sie hat ja jahrelang immer gearbeitet, seit Kindesbeinen an. Aber für mich war es damals eine Riesenerfahrung.“

In die Pause hinein sagt sie:

„Es ist so lange her. Aber im Nachhinein denke ich oft, sie war so eine gute Frau.“

Rosemarie atmet erst einmal tief durch.

„Sie hat lange weitergelebt in unserer Familie. Ja, wir haben einfach vieles übernommen. Ich bin überzeugt, wir haben es der Schwiegermutter zu verdanken, dass wir heute noch das Tischgebet beten,“ lacht sie wieder.

„Das ist so, egal ob wir Besuch haben oder ob wir allein sind. Es ist sowas, was wichtig war und das wir beibehalten haben. Die Kinder haben sie als gute Oma erlebt. Das sagen sie heute immer noch, wo sie erwachsen sind, wenn sie nach so vielen Jahren ab und zu einmal von der Oma reden. Ja, das ist ein großer Abschnitt in meinem Leben gewesen.

Das Leben ist dann eben mit uns allein weitergegangen. In einem Jahr, 85, sind beide Schwiegereltern gestorben.“
Nach einer Pause kommt Rosemarie dann zum Schluss:

„Unsere Kinder sind erwachsen und aus dem Haus. Wir haben sehr gute Wochenendkontakte mit den beiden in der Stadt. Eine Tochter wohnt mit ihren zwei Kindern am Ort, was wir genießen, das muss ich sagen. Besonders mein Mann genießt die Enkelkinder in vollen Zügen!“ meint sie lachend.

„Ich auch, aber ich muss ehrlich zugeben, ich bin manchmal froh, wenn sie wieder gehen. Sie sind beide noch Kindergartenkinder und kommen unter der Woche oft zum Mittagessen. Meine Tochter kocht erst abends für ihren Mann. Dann haben wir gesagt: Na ja, kommt vorbei nach dem Kindergarten. Dann haben die Kinder mittags immer was Warmes. So hat sich das eingebürgert. Das wird sich nächstes Jahr ändern, wenn der Älteste in die Schule kommt.

Aber bis jetzt ist es noch so, dass sie von Montag bis Freitag zum Mittagessen kommen. Da ist immer der Tisch voll, wir sind dann ja zu sechst. Aber sie kommen gerne, und das ist schön. Wir genießen das. Und uns geht es im Moment gut, auch gesundheitlich. Ich persönlich habe noch die Pflege der Tante, was mir auch nicht immer leicht fällt. Es wiederholt sich eben täglich.

Man weiß, ja man muss so viel zum hundertsten Mal hören und ich will es manchmal nicht mehr hören. Und die letzten Jahre werden auch ein wenig beschwerlicher. Also ich stelle fest, früher hat sie nicht so viel gejammert."

Und mit zwei Sätzen fasst Rosemarie zum Schluss zusammen:

„Ja, man wird so negativ eingestellt. Und da muss ich mich schon immer sehr bemühen, dass ich mich nicht so vereinnahmen lasse von ihr."

„Dann übernimmt der Mann aber den Erziehungsurlaub"

Monika

ist 43 Jahre alt, verheiratet und hat drei Kinder. Sie lebt mit drei Generationen im Haushalt. Sie hat das Fachabitur und einen kaufmännischen Beruf.

„Ja also, ich denke, ich fange mal an: Woran ich mich als Erstes erinnern kann ist, dass meine Schwester zur Welt gekommen ist. Da war ich Vier. Ich kann mich noch ganz gut erinnern, meine Mutter hat sie zu Hause bekommen. Ich habe bei meinen Eltern im Schlafzimmer geschlafen, weil wir im ersten Stock kein Zimmer zur Verfügung hatten und weil es nicht üblich war, dass so ein kleines Kind im zweiten Stock sein kann.

Und dann kann ich mich erinnern, dass man das Zimmer ausgeräumt hat und mein Bettchen auch. Ich habe immer wieder ins Schlafzimmer gespickt, weil ich wissen wollte, was da los ist. Plötzlich hat man Geräusche gehört, da war sie wohl schon auf der Welt. Ich wollte dann unbedingt hinein gehen und schauen, aber dann hat mein Vater gesagt: „Das sind Katzen, du gehst jetzt nicht da rein, du bleibst hier!"

Es war damals üblich, dass Männer überhaupt nicht dabei waren bei der Geburt. Mein Vater war auf jeden Fall nicht dabei und ich muss sagen, ich war wahnsinnig eifersüchtig auf meine Schwester. Ich war vier Jahre alt und musste dann meine Oma teilen. Es hat mich furchtbar gestört, dass die Oma die Helga auf dem Arm gehabt hat. Ich bin mir relativ überflüssig vorgekommen."

Sie macht eine kurze Pause und meint dann:

„Ja, das sind meine ersten Erinnerungen. Dann, denke ich, ist es verlaufen wie überall.

Meine Eltern hatten eine Landwirtschaft, so ein kleines bisschen. Mein Vater ist dann noch arbeiten gegangen, bei der Bahn. Ja, und überall musste man mithelfen. Meine Oma ist dann auch gestorben, als Helga ein halbes Jahr alt war. Wir haben relativ schnell keine Großeltern mehr gehabt, die Opas waren sowieso schon beide tot, und die Mutter von meinem Vater auch. Dann musstest du mit aufs Feld und musstest auch schon bald kochen. Du hast bestimmte Bereiche zugewiesen bekommen, die du putzen musstest. Das hat mir nicht immer gefallen.

Heute denke ich darüber nach, ob ich meine Kinder das auch machen lasse, aber im Großen und Ganzen hat das auch zu einer Selbstständigkeit geführt, denn meine Mutter hat verschiedene Aufgaben aufgeteilt und die musstest du dann erledigen. Man war verantwortlich dafür und sie musste sich auch drauf verlassen können, dass es getan ist. Das hast du dann auch so anerzogen bekommen.

Dann hat meine Mutter eine Schwester, das ist meine Patentante. Sie lebt in Offenburg und das ist eine ganz reisefreudige Frau. Sie ist nicht verheiratet und hat keine Kinder und hat dann immer ihre Nichten und Neffen zu sich geholt.

Mit vier, fünf Jahren war ich schon bei ihr in Offenburg, ganz alleine. Da bin ich mit ihr mitgefahren. Sie hatte ein

Moped und da durfte ich mit ihr auf dem Moped von Sulzburg nach Offenburg fahren.

Und da war das dann so: Sie war berufstätig, in Teilzeit, und hatte den ganzen Vormittag zu tun. Da warst du dann eben den Vormittag über allein, oder sie hat mich in den Kindergarten gegeben, in Offenburg. Ich kann mich recht gut daran erinnern, dass ich mit denen überhaupt nicht zurechtgekommen bin, weil die mich nicht verstanden haben und ich kein Hochdeutsch geprochen habe. Ich habe sie aber alle verstanden, weil man ja Hochdeutsch versteht, wenn man Dialekt spricht. Also, das war auch so eine Erfahrung, das fand ich total blöd, dass ich jetzt reden muss wie die! Das war ja daheim nicht nötig, gell!

Also die Städter habe ich nicht so toll gefunden in dieser Zeit, aber Offenburg war super! Ich war ja schließlich noch ein Kind und die Tante hat sich total auf mich eingestellt. Als ich älter war, ist sie auch überall hingereist mit mir. Sie ist immer gern gereist, das macht sie heute immer noch. Sie wird nächstes Jahr achtzig, aber ich glaube, sie ist auch nicht so gerne alleine."

Sie unterbricht kurz und erzählt dann weiter:

„Dann haben wir relativ schnell Englisch in der Schule bekommen und sie hat es gut gefunden, dass man dazu auch ins Ausland geht. Sie hat sich immer von ihren Nichten und Neffen erzählen lassen, wie das war und wo sie hinwollen, und dann sind wir miteinander fort. Ich bin dann oft auch mit ihr alleine weg gefahren. Ich war auch in England, als ich vierzehn war. Sie hat einfach gefragt: „Willst du mitfahren? Wir fahren nach London." Dann sind wir nachts mit dem Zug im Liegewagen gefahren, das war doch klasse! Meine Eltern konnten das nicht machen – erstmal finanziell und dann ist da noch die ganze Landwirtschaft gewesen und die Geschwister auch noch. Und da bin ich mit der Tante gegangen.

Aber sie hat auch schwer darauf geachtet, dass man sich selbst zu helfen weiß. Also, sie hat nichts geplant oder großartig organisiert, sondern man musste da schauen, wo man ist und wie man zurechtkommt und man musste sich selbstständig verhalten. Ich denke, dass ich das von ihr gelernt habe, das ist mir im Leben zugute gekommen, und meinen Eltern auch.

Dass du gleich gelernt hast, das, was du machst, abzuschätzen, ob es ein Vorteil oder ein Nachteil ist und dass du auch Entscheidungen triffst. Es wurde einem nicht einfach abgenommen, sondern du musstest es einfach selbst machen, überlegen, ob du das machst oder nicht. Das habe ich als positiv empfunden.

Heute empfinde ich das bei vielen negativ, dass sie meinen, sie müssten fragen oder dass sie sich nicht trauen, sich zu entscheiden. Das ist bei der Arbeit auch oft sehr mühsam."

Nach einer kurzen Pause wechselt sie das Thema:

„Also gut, Schulzeit: Meinen Eltern war klar: Mittlere Reife soll das Kind schon haben. Gut, dann habe ich die Mittlere Reife gemacht. Der Arbeitsmarkt war nicht so toll, und ich habe mir überlegt, dass ich das Abitur mache. Da haben sie mich nicht unterstützt. „Mädchen, du brauchst doch kein Abitur machen," haben sie gesagt. „Du bekommst doch sowieso gleich Kinder und bist daheim, das ist nicht nötig. Jetzt machst du eine Ausbildung, die Mittlere Reife reicht eigentlich schon." O.k., ich habe das relativ schnell akzeptiert und dann habe ich ..."

Monika überlegt kurz und knüpft dann an: *„Eigentlich wollte ich Krankenschwester oder Arzthelferin werden, weil ich im Krankenhaus ein Praktikum gemacht habe und das fand ich ganz gut. Der Umgang mit Menschen gefällt mir, ich konnte das gut und es hat mir auch gut gefallen. Aber da war ich, weil ich nur die Mittlere Reife gehabt habe, erst sechzehn.*

Zur damaligen Zeit war das Mindestalter für Krankenschwestern achtzehn, also ging das nicht. Buchhaltung zu machen oder so irgendwas, dazu hatte ich auch keine Lust. Dann habe ich gedacht, ich mache Arzthelferin. Das wiederum haben meine Eltern nicht unterstützt. Sie haben gemeint: „Da musst du Nachtschicht machen und am Wochenende arbeiten. Arzthelferinnen müssen immer so lange arbeiten und das ist doch nichts. Mach einen kaufmännischen Beruf!"

Aber sie ließen mich machen. Ich hab mich überall beworben, aber irgendwie wurde da einfach nichts draus. Schließlich kam meine Patentante angereist und hat gesagt: „Auf der Volksbank brauchen sie noch Lehrlinge, und jetzt bewirbst du dich mal dort." Ich war völlig wirr im Kopf und habe gedacht: „Bevor du gar nichts hast, bewirbst du dich dort."

Ja, so bin ich da hingekommen und habe dann meine Ausbildung im Bankbereich gemacht. Im Nachhinein denke ich, es ist gar nicht so sehr anders als Krankenschwester: Man verarztet die Leute in anderer Form. Den Umgang mit Menschen hat man genauso. Wenn man länger dabei ist und in den Beratungsbereich kommt, dann bekommt man auch Situationen mit, in denen man denkt: „Manche brauchen auch eine Therapie, bevor man mit denen reden kann!"

Mittlerweile hatte ich schon den Rainer kennen gelernt, das war meine große Liebe und ich war da noch relativ jung. Es war recht schwierig für mich, eine ganz aufregende Sache. Ich wollte immer das Einverständnis von meinen Eltern haben, aber die haben weniger erlaubt, als ich wollte. Von wegen auf Feste gehen oder so, wir haben heiße Diskussionen geführt, warum und weshalb. Ich wäre aber nicht gegangen, wenn sie nicht Ja gesagt hätten. Manchmal habe ich die Erlaubnis bekommen und manchmal nicht.

Wir haben da immer schon auch harte Diskussionen geführt, weil ich wechselhaft war mit meinen Beziehungen. Es war jeder in seiner Clique, Rainer genauso wie ich, und irgendwie hat man das zusammengetan, die Mädchenclique und die Männerclique und ist dann zusammen fortgegangen, zum Tanzen zum Beispiel. Aber wie gesagt, dann schon immer mit den Gleichen."

Sie macht eine Pause und kehrt dann wieder zum ursprünglichen Thema zurück:

„Ja, die Ausbildung hatte ich dann fertig und habe noch ein paar Jahre gearbeitet. Zwischendurch hatte ich immer das Gefühl gehabt, das kann es jetzt nicht gewesen sein. Jetzt musst du doch noch mehr machen. Meinen Beruf werde ich sicher immer weiterführen, auch wenn ich Kinder habe.

Ich wollte dann eigentlich nach Stuttgart gehen und den Landbetriebswirt machen. Da gab es eine spezielle Schule. Wenn du Mittlere Reife hast und eine bestimmte Anzahl von Ausbildungsjahren, dann hast du kein Abi gebraucht, um diese Ausbildung zu machen. Wenn du sie gleich machst, dann musst du Abitur haben.

Ich habe mich da erkundigt und wollte dort hingehen. Das habe ich dem Rainer gesagt; und der ist ja eine absolute Dorfpflanze. Der war dann überhaupt nicht begeistert davon, und mittlerweile war ich 24, glaube ich. Er hat dann zu mir gesagt, ich müsste mich entscheiden. Er geht sicher nicht mit nach Stuttgart und er findet das auch überhaupt blöd. Also müsste ich mich jetzt entscheiden, entweder für ihn oder für die Schule in Stuttgart. Und eben, er hätte gerne, dass wir heiraten und bei ihm daheim einziehen und da bleiben.

Ja, dann habe ich doch einen Rückzieher gemacht, weil ich mich nicht getraut habe, nach Stuttgart zu gehen. Ich habe gedacht, nachher bin ich ihn los, und das wollte ich ja auch nicht. Auf jeden Fall hab ich mich dann dafür entschieden, dass ich in Dottingen bleibe. Aber ich habe ihm auch klar gemacht, so wie das Haus jetzt aussieht, ziehe ich da bestimmt nicht ein. Wenn, dann müssen wir umbauen und anbauen. Und ich habe eben auch meine größten Bedenken geäußert wegen des Zusammenlebens, Jung und Alt, im gleichen Haus. Da hat er überhaupt keine Bedenken gehabt und dann habe ich mich auch breitschlagen lassen. Wir haben angebaut und sind da eingezogen.

Ich muss schon sagen, dass es eine sehr schwere Zeit für mich gewesen ist, das ist schon alles nicht so einfach. Seine Mutter war 45, glaube ich, als ich da eingezogen bin, also, als wir dann geheiratet haben und zusammengezogen sind. Und irgendwo war die es halt auch gewöhnt, ihr Haus und das Drumherum zu führen, wie sie es will. Und jetzt ist da eine Frau; und ich habe so meine eigenen Vorstellungen gehabt und einen ganz anderen Tagesablauf oder Wochenablauf, wie auch immer. Ich war viel selbstständiger, habe mich in der Zeit auch immer in bestimmten Abständen mit Freundinnen getroffen, auch ohne meinen Mann, und das sind halt Sachen, die sie gar nicht gemacht hat. Nicht einmal zu einem Kaffeeklatsch ist die gegangen, wenn ihr Mann damit nicht einverstanden war.

Und das wiederum hat auch schon meine Mutter nicht gemacht, dass sie da um Erlaubnis gefragt hätte. Also mein Vater mochte das auch nicht, wenn die Bauersfrauen immer da waren. Im Winter haben die sich jede Woche bei einer anderen Frau zum Kaffeetrinken getroffen. Und das den ganzen Winter lang. Mein Vater mochte das nicht und den ganzen Winter über war immer ein wenig Knatsch zu Hause. Aber meiner Mutter war das mehr oder weniger egal, sie hat es trotzdem gemacht.

Mittlerweile hat sich mein Vater dran gewöhnt, weil die das immer noch machen, die Mama ist ja jetzt 73. Und ich habe das auch so gemacht, ich habe auch immer den Kontakt mit meinen Freundinnen allein gepflegt.

Weil ich auch schon dachte: „Man weiß nie, was kommt und wenn jetzt eine Trennung wäre, dann stehst du ganz alleine da.“ Irgendwo wollte ich meine Kontakte auch als meinen eigenen Freundeskreis halten und habe das dann auch gepflegt.“

Nach einer kurzen Unterbrechung meint sie dann:

„Das konnte dann auch meine Schwiegermutter verstehen und ich denke, da war auch immer eine große Portion Neid dabei, dass sie es selbst nicht macht. Sie ist eigentlich auch ein sehr lebensfroher Mensch und geht auch gerne fort, und ihr Mann überhaupt nicht. Da habe ich so bei mir gedacht, da hat der Rainer recht viel von seinem Vater, das Bodenständige, und dass sie beide hauptsächlich daheim bleiben und sich da wohl fühlen.

Ich bin auch mal für ein Wochenende weg, irgendwo hin, wenn mir danach war, oder auch mit einer Freundin auf ein Konzert oder zu einem Musical, weil das der Rainer einfach nicht wollte. Es hat mir trotzdem gefallen. Und für ihn war das auch o.k., weil er gesagt hat: Mir tut das gut und Hauptsache, er muss da nicht mit, weil er will das nicht unbedingt. Also wir haben uns da ganz gut arrangiert in der Sache.

Aber meine Schwiegermutter eben weniger. Für sie ist einfach ihre Lebensaufgabe das Betüddeln, also dieses typische Mutter und Hausfrau sein. Also, ich glaube nicht, dass mein Schwiegervater sein Hemd oder seine Unterhosen auf Anhieb alleine findet. Er weiß schon, das muss im Schlafzimmer sein, aber in welchem Schrank oder in welchem Regal, das weiß er nicht. Das macht sie, sie richtet alles hin, sie steht auch bei Tisch bestimmt fünf-, sechsmal auf, wenn etwas fehlt und sie holt es dann. Das typische Mann/Frau-Rollenspiel eben.

Am Anfang, als ich da gewohnt habe, war der Rainer noch krank, da ist doch glatt meine Schwiegermutter herunter gekommen und hat ihm einen Tee gebracht. Da bin ich schier ausgeflippt: Also erstens war er nicht so krank, dass er sich nicht selbst einen Tee hätte machen können und dann habe ich einfach das Gefühl gehabt, das ist unser Bereich, und sie ist eben oben, das muss sie jetzt einfach akzeptieren.

Meine Schwiegermutter hat sich halt immer für alles verantwortlich gefühlt. Sie hat nicht gedacht, da ist jetzt eine neue Familie, sondern da ist jetzt nur eine Person dazugekommen, die sie als Mitglied sieht. Und das ist ein Naturell, das ich überhaupt nicht leiden kann. Ich organisiere das selbst und ich mache das selbst und ich kann es nicht haben, wenn mir jemand etwas abnimmt, ohne dass man darüber spricht."

Monika denkt nach und fährt dann fort:

„Wir waren ja beide voll berufstätig, das heisst, so oft waren wir gar nicht zu Hause. Und wenn du da warst, dann hast du eben schnell den Haushalt gemacht. Abends, wenn ich von der Arbeit heimgekommen bin, habe ich schnell etwas gekocht, weil der Rainer ja mittags auch nur ein Vesper mitgenommen hat. Und dann war es so, dass er das auch so gewöhnt war: Also, der Rainer ist heimgekommen und hat sich an den Tisch gesetzt und ich habe eben etwas gekocht. Und wenn wir fertig waren mit dem Essen, dann hat er sich auf das Sofa gelegt. Am Anfang bin ich da erstmal ausgeflippt, denn ich war ja genauso geschafft und war der Meinung, dass er da genauso mithelfen kann, den Tisch decken und abräumen und was eben so dazugehört. Das war für ihn ja eine ganz neue Sache, das musste er bei seiner Mutter überhaupt nicht machen. Jedenfalls haben wir darüber gesprochen und es war dann klar, dass er auch mithilft. Aber das waren am Anfang schon die Kämpfe.

Ich war auch von der Ernährung her ganz auf Vollwertkost eingestellt, das war mir ganz wichtig. Ich habe viel mit Vollkornprodukten gemacht, und das mochte der Rainer überhaupt nicht. Wir haben dann zwei unterschiedliche Brote gebacken. Er hat seine Mutter gefragt und sein Weißbrot selbst gemacht. Das war ja ganz lustig, dass dann seine Mutter auch wieder angefangen hat zu backen. Die Schwiegermutter hat auch oft einmal einen Kartoffelbrei aus dem Päckchen gemacht, und sowas war für mich unvorstellbar, weil da ja lauter solche Zusatzstoffe drin waren. Deshalb habe ich komplett alles selbst gemacht. Und dann hat sie auch wieder alles selbst gemacht und auch den Garten anders eingerichtet. Ja, das war interessant, dass sie das selbst nicht gekonnt hat und es sich deshalb einfacher gemacht hat als wir, zum Beispiel."

Nach einer kurzen Pause erzählt sie weiter:

„Dann haben wir das erste Kind bekommen, die Sandra. Wir haben schon immer darüber geredet, dass dann, wenn wir einmal Kinder haben, eher der Rainer daheim bleibt als ich. Das war uns auch immer so im Hinterkopf und das ist ja eine sehr ungewöhnliche Konstellation auf dem Dorf. Die Vorstellung war für mich ganz angenehm, weil der Gedanke, den ganzen Tag im Haus zu sein und gar nicht mehr in der Bank und mit den Kunden, das war ein Horror für mich.

Dann hat es sich dazu auch noch so ergeben, dass er Probleme mit den Knien bekommen hat. Also ihm wurde gesagt, dass er den Beruf nicht mehr ausüben kann, weil er dann immer die Entzündung bekommen würde. Entweder müsste er umschulen oder eben den Beruf nicht mehr ausüben. Ich war dann schwanger mit der Sandra und habe gesagt: „Das ist ja kein Problem, dann nimmst du die drei Jahre Erziehungsurlaub. Und dann schauen wir weiter."

Das hat er eigentlich auch gut gefunden. Aber nichts desto Trotz hat er sich dann doch beworben, weil er schauen wollte, was er an Chancen in anderen Berufen hat. Und das war aussichtslos, er war ja schon dreißig und keiner wollte mehr jemanden mit dreißig ausbilden. Heute ist das ja kein Problem mehr, eine zweite oder dritte Ausbildung in dem Alter zu machen, aber das ist ja jetzt auch schon fünfzehn Jahre her und da war das eben noch nicht Gang und Gebe, da ist man in seinem Betrieb geblieben bis zur Rente.

Ja, dann haben wir das so gemacht. Die Geschichte mit seinem Knie ist dann gar nicht so schlecht gewesen, das ist als erstes Alibi durchgegangen, denn das war ja auch ein Schock für seine Eltern, und so konnten sie es akzeptieren, dass die Schwiegertochter jetzt die Familie ernährt und er daheim ist. Meine Eltern waren, denke ich, Überraschungen von mir noch gewöhnt, für die war das gar nicht so abwegig. Im Bekanntenkreis ist es weiter gelaufen wie vorher auch, da war das nichts Außergewöhnliches.

Dann war die Sandra da und wir haben gemerkt, dass alles ganz gut läuft. Der Rainer hat das alles ganz schnell auf die Reihe bekommen, dem hat das gefallen und natürlich hat er dann auch angefangen, selbst zu kochen.

Als wir geheiratet haben, konnte der ja noch nicht einmal Spiegeleier selber machen. Und dann fing er an zu fragen, wie machst du denn dies und wie geht denn jenes. Er hat ein ganz einfaches Kochbuch in die Hände genommen und Sachen ausprobiert. Also, ich muss sagen, jetzt kocht er hervorragend, die Kinder sagen oft, dass der Papa besser kocht als ich.

Ja, man kann alles lernen, wenn man Lust dazu hat und wenn man Interesse zeigt. Dadurch, dass wir jetzt das Haus haben und auch immer mal wieder selbst etwas dran gemacht haben, war er auch immer gut ausgelastet. Er konnte sich den Tag dann immer so einteilen, wie er das wollte, jetzt vom Kind, also der Sandra, einmal abgesehen."

Sie denkt einen Moment lang nach und sagt dann:

„Die war für mich auch recht anstrengend, wobei ich glaube, es kam daher, dass mich meine Schwiegermutter in dieser Zeit mit ihrer Art richtig erdrückt hat. Die ist ständig

dagestanden, ich hatte mit dem Kind eigentlich gar keine richtige Atmosphäre.

Dadurch, dass meine Schwester kürzlich ihr erstes Kind bekommen hat, kommt da jetzt vieles hoch. Es ist jetzt vier Wochen alt. Wenn ich sie hin und wieder einmal besuche und sie mit dem Kind auf dem Bauch auf dem Sofa liegt, da fällt mir auf, dass ich das auch gemacht habe, und dann kam die Schwiegermutter wieder dazu und hat gesagt: „Das kannst du doch nicht machen, das Kind braucht seine Ruhe, das muss doch jetzt ins Bett."

Mein eigenes Empfinden, wie man mit dem Kind umgehen sollte, wurde immer gestört. Oder: Ich habe sie gestillt, das war mir wegen der Natürlichkeit der Lebensmittel auch immer ganz wichtig, und der Schwiegervater hat gesagt: „Da werden die doch nicht satt davon!"

Dann hatte Sandra immer ihre Schreikrämpfe am Abend, jeden Abend eine Stunde lang, und dann hieß es immer: „Das ist doch nichts, die hat doch Hunger!" Da bist du gerade frisch Mutter geworden und alles ist ja auch noch ungewohnt, und wenn sie dann eine Stunde schreit, dann bist du auch fix und fertig, wenn du nicht weißt, was sie hat und was los ist. Aber auf der anderen Seite, wenn sie dann nicht mehr geschrien hat, dann hat sie wieder acht Stunden geschlafen.

Also der Arzt hat immer gesagt, die ist gesund und das macht die eben. Aber für mich war das ganz furchtbar, dass die Schwiegermutter ständig dagestanden ist und einfach meine Privatsphäre nicht akzeptiert hat. Wenn ich sie im Zimmer gestillt habe, dann ist sie trotzdem noch herein gekommen und ist trotzdem sitzen geblieben, und eigentlich wollte ich das anders haben. Wenn ich dann etwas gesagt habe, dann war sie zu Tode beleidigt und hat nichts mehr gesagt. Das war auch etwas, was ich nicht haben konnte. Bei uns daheim hat man mal rumgestritten und dann war es wieder gut, dann war es vergessen. Sie konnte eine Woche lang sauer sein, das mochte ich halt nicht, rein von der Atmosphäre her.

Nach drei Jahren ist dann der Maximilian zur Welt gekommen. Zuerst hatte ich Angst vor der ganzen Sache, weil klar war, dass ich wieder ein halbes Jahr lang daheim bin, zum Stillen. Als ich mit Maxi schwanger war, war es allerdings so, dass sie auf der Bank dringend jemanden gesucht haben, um den Nachttresor abzurechnen, also das war einfach nur morgens ein bisschen, an manchen Tagen zwei, an anderen Tagen drei Stunden zu arbeiten. Da habe ich zum Rainer gesagt: „Meinst du nicht, dass es für dich ganz gut wäre, mal wieder ein bisschen raus zu kommen?“

Es waren ja nur ein paar Stunden und Sandra war ja auch schon im Kindergarten. Er fand die Idee auch ganz gut und hat dann ein Gespräch geführt. Dann war aber klar, dass ich wieder schwanger bin, und er wieder daheim bleiben muss. Für die Bank war das aber so wichtig, dass sie ihn trotzdem eingestellt haben, obwohl sie wussten, dass er nach einem drei viertel Jahr wieder gehen muss, weil er dann daheim bleibt. Das haben wir so gesagt und das wurde auch so akzeptiert.“

Monika macht eine kleine Pause und erzählt dann weiter:

„Der Maximilian ist zur Welt gekommen und dann ging das wieder los. Immerhin war aber die Sandra noch da und dann konnte die Schwiegermutter immer die Sandra betüddeln. Zu der Zeit haben wir den gleichen Arzt gehabt, und der war ganz auf meiner Welle, von wegen Ernährung und all dem. Er hat auch immer erst homöopathische Sachen ausprobiert und gerade bei den Kindern nicht immer gleich Antibiotika verschrieben, sondern gesagt: „Das müssen wir jetzt durchstehen! Es sind dann eben ein paar schlaflose Nächte mit Wickeln und Aufwand, aber man braucht keine Antibiotika.“

Das war alles ganz in meinem Sinne, auch, dass man nicht alle Impfungen braucht, oder dass man sie erst später macht, weil das Immunsystem von einem Kind dadurch schwer belastet wird.

Bei dem habe ich dann einmal mein Herz ausgeschüttet. Meine Schwiegermutter hat hohen Blutdruck gehabt und war auch schon depressiv. Das war auch noch so ein Punkt: Immer, wenn ich etwas gesagt habe, hat sie ihren hohen Blutdruck bekommen und war dann krank. Da habe ich dann fünfmal überlegt, sagst du jetzt was oder sagst du nichts. Der Doktor hat gesagt, er weiß es schon, er hat schon etwas gemerkt und gemeint, ich müsste ihr einfach eine feste Aufgabe geben. Vielleicht mit den Kindern, mit den Kindern kann sie es doch gut. Ich habe gesagt, dass sie die Kinder schon hütet und sie bekommt sie ja auch, also nicht, dass wir ihr die Kinder vorenthalten. Er hat gesagt, dass jeden Tag etwas gemacht werden muss und sie soll dann dafür verantwortlich sein.

Wir haben dann hin und her überlegt und dann ergab es sich eben, dass der Rainer angefangen hat, wieder zu arbeiten. Da habe ich dann gemeint: „Ich glaube, es ist eine gute Idee, wenn wir sie fragen, ob sie für uns alle kochen würde.“ Mit dem Essen ist es ihr ja auch immer ganz wichtig. Sie ist schon damals der Sandra immer mit einem Apfel nachgerannt. Die Geschichte mit den Süßigkeiten musste ich ihr auch erst abgewöhnen. Sie hat ja immer gemeint, die kriegt ja zu wenig und wir machen das nicht recht und so weiter.

Darauf hat er gesagt: „Ja, das ist eigentlich wahr, und dann hat sie auch das, was ihr so wichtig ist, das Essen und das Kochen.“

Dann haben wir sie eben gefragt. Ja klar, hat sie gesagt, das macht sie. Und das war die beste Idee, die wir jemals gehabt haben. Sie kocht jeden Tag Gemüse und Salat, das war mir auch wichtig, und wenig Fleisch. Das ist so aufwändig, dass sie fast den ganzen Vormittag in der Küche steht und für die mittlerweile sechs Personen kocht. So bekommt sie auch ihre Streicheleinheiten, weil sie ja für alle kocht. Und wenn der Rainer von der Arbeit nach Hause kommt, dann kann er sich an den gedeckten Tisch setzen und sich dann um die Kinder oder um den Haushalt kümmern, das ist auf jeden Fall schon mal geregelt. Und der Maximilian ist ja auch schon so ein Charmeur, er sagt immer: „Ja Oma, hervorragend hast du wieder gekocht."

So hat sich das Verhältnis wirklich entspannt. Das war aber auch ein wirklich guter Tipp von dem Arzt, dass man die Schwiegereltern dann eben mit einer verantwortungsvollen Aufgabe einbindet. Sie hat auch vorher immer mal wieder über den Garten gejammert, dass ihr das zu viel Arbeit sei. Also habe ich gesagt, dass ich ihr den Garten mache, dass sie da auch nicht mehr so viel zu tun hat.

Ich hatte keine große Ahnung vom Garten und habe das eben dann so gemacht, wie ich mir das vorgestellt habe. Dann hat sie mir hinterher immer gezeigt, was ich falsch gemacht habe, nie vorher. Ich hatte zwar mein Stück Garten und habe das Stückchen gemacht, aber für sie war das, als ob sie einem Kind ein Stück Garten gibt. Ich war ja mittlerweile auch schon über dreißig und habe mich natürlich schon als erwachsene Frau gesehen. Und ich wollte das so machen, wie ich will und wenn dann etwas schief geht, dann war es mir eben auch egal. Ich habe das halt anders gemacht und wollte einen natürlichen Garten und nicht so explizit schöne Beete und so ein Kram. Ich habe mir mein Zeug dann auch entsprechend hergerichtet und dann gab es hin und wieder die Situation, dass ich nicht immer konnte, weil ich zum Beispiel ein Seminar hatte. Als ich dann wieder zurück kam, war halt das Zeug schon gesetzt. Dann habe ich gesagt, das mache ich auch nicht mit. Sie hat das jetzt gesetzt und weiß nicht, ob es mir recht ist. Und es war mir nicht recht, weil ich es anders setzen wollte. Dann geht sie hin und reisst alles wieder aus und hin und her. Darauf hin habe ich gesagt: „Weißt du, ich habe sowieso wenig Zeit, ich mache jetzt nichts mehr im Garten!"

Zum Rainer habe ich gesagt, dass das keinen Sinn hat, wenn zwei Frauen eine Sache machen und sie macht das ja auch gern und ist viel lieber draußen, als im Haus und ich lasse das jetzt einfach. Dann habe ich um das Haus herum ganz wild und bunt etwas angepflanzt, und das war ihr auch nicht recht, da meinte sie immer, diese Pflanze kann man nicht ins Freie setzten und jene auch nicht. Da hab ich gesagt, das mache ich jetzt auch nicht mehr. Sie macht es jetzt eben, wie sie es will. Es ist viel Arbeit für sie, aber ihr gefällt das und jeder, der kommt, sagt: „Oh, das hast du schön gemacht." Da hat sie auch wieder ihre Streicheleinheiten."

Nach einer kurzen Pause fährt sie fort:

„Ich denke eben, man muss wirklich überlegen, was man will und den Senioren ein bestimmtes Gebiet überlassen. Es geht einfach nicht, dass jeder in jedem Bereich einfach so vor sich hinwurstelt. Ich würde bestimmt einiges anders machen, oder auch anders anordnen, aber ich denke inzwischen, das sollen die jetzt machen, wie sie wollen und so sind sie auch noch körperlich beansprucht und wir haben es bequem. Das muss man einfach auch von der Seite sehen, und schön aussehen tut es ja auch. Ich denke, das ist auch ein wichtiger Punkt, dass jeder, der im Haus wohnt, seine bestimmte Aufgabe hat. Irgendwo kommt ja schon ein Loch, wenn die Kinder aus dem Haus sind und sie vorher der einzige Lebensinhalt waren."

Monika überlegt kurz und wechselt dann das Thema:

„Mittlerweile haben wir drei Kinder, der Patrick ist zwei einhalb Jahre nach dem Maximilian gekommen. Die ganze Kindererziehung in den drei Jahren hat den Rainer immer voll in Anspruch genommen. Für unsere Kinder war das stellen-

weise auch mal interessant, die waren auch immer wieder mit dem Rainer bei der Arbeit. Die Sandra hat dann auch handwerklich mehr...“

Sie unterbricht, knüpft an anderer Stelle wieder an:

„Mädchen machen ja sonst schon andere Sachen, stricken oder nähen, zum Beispiel, eben andere Sachen als Männer. Der Rainer hat ihnen aber auch handwerkliche Dinge beigebracht. Er hat geschweißt und das Haus ausgebaut und lauter solches Zeug gemacht. Der flickt ja alles, was es im Haushalt oder drum herum zu flicken gibt, und da war die Sandra auch immer dabei. Irgendwann einmal gingen ihre Schuhe kaputt, das waren solche Hüttenschuhe, und dann hat sie gesagt: „Guck mal, Papa, das müssen wir jetzt schweißen.“

Das war für mich schon typisch, eine andere hätte gesagt: „Mama, das müssen wir nähen.“ Die sind eben beim Nähen dabei und die Sandra ist beim Schweißen dabei. Da habe ich zu ihr gesagt: „Nein, das kann man nicht schweißen, das muss man nähen,“ und habe ihr die Schuhe dann eben genäht.

Als sie ungefähr zwölf Jahre alt war, am Anfang der Pubertät, wo Mädchen ihre Mütter schrecklich doof finden, kam sie einmal von der Schule nach Hause und sagte: „Du, alle in der Schule finden ihre Mama blöd, ich kann das gar nicht sehen!“ Das war ihr irgendwie unangenehm, dass sie da nicht dabei war und ihre Mutter auch blöd fand. Ich habe ihr dann gesagt: „Weißt du, bei den anderen ist die Mama auch ständig daheim, und wie oft siehst du mich? Abends ein bisschen und am Wochenende, aber sonst sind wir ja gar nicht beieinander. Vielleicht findest du mich deshalb nicht so blöd, ich denke, das ist ganz normal.“

Der Maximilian ist auch einmal nach Hause gekommen und hat gesagt: „Du, bei meinen Schulkameraden ist fast immer die Mama daheim.“ Darauf haben wir geantwortet: „Na klar, und bei uns ist der Papa daheim.“ Wir haben ihn ge-

fragt, ob er das blöd findet, aber das fand er eigentlich nicht. Wir haben ihm erklärt, dass wir uns gedacht haben, die Hauptsache ist, dass einer von uns beiden daheim ist. Dem Papa liegt das besser als mir, ich bin ja auf der Bank, und aus dem Grund haben wir das so gemacht.

So ist das für die Kinder auch wieder ganz normal gewesen und ganz in Ordnung. Ich denke, ein Problem wird es für die Kinder nur, wenn man sich in der Rolle, die man ausfüllen soll, nicht wohl fühlt. Also, wenn der Rainer den Haushalt ungern machen würde, oder er gar nichts machen würde, und ich müsste es dann am Abend oder am Wochenende erledigen, dann wären Spannungen da und das wäre für die Kinder irgendwo nicht in Ordnung. Aber dadurch, dass wir uns eigentlich sehr wohl fühlen in unseren Rollen, ist das für die Kinder auch ganz normal. Im Gegenteil, manche Sachen finden sie jetzt noch besser. Mit den Jungs geht er auf den Sportplatz und die finden das klasse, dass der Papa zu Hause ist."

Sie lenkt ihre Erzählung jetzt auf ein anderes Thema:

„Während dieser ganzen Zeit der Schwangerschaften und des Kinderkriegens habe ich mir auch beruflich meine Ziele gesetzt, weil ja klar war, ich bleibe die Hauptverdienerin. Ich wollte es auch nicht nur 08/15-mäßig machen und habe dann die interne Ausbildung noch angeschlossen. Also das, was ich damals nicht in Stuttgart machen konnte, habe ich dann mit Seminaren und Fortbildungen nachgeholt. Ich habe jetzt den gleichen Abschluss, aber auf einem ganz anderen Weg, und ich denke, es war mühsamer.

Ich habe die ganze Ausbildung gemacht, als ich schon meine drei Kinder hatte, denn der vorhergehende Chef hat Frauen nicht gefördert. Sie haben immer gedacht, sie investieren da doch zu viel Geld, weil es ja auch sehr kostenintensiv ist, und irgendwann fallen die Frauen dennoch weg. Als dann der Führungswechsel war und ein neuer Vorstand gekommen ist, war es gar kein Problem, dass ich die Seminare besuche, denn die haben dann Frauen extrem gefördert.

Allerdings war mit dem neuen Chef auch klar, dass Frauen bei dem nur bis zu einer gewissen Ebene kommen, von der Weiterbildung oder vom Verantwortungsgebiet her gesehen, und dann ist Ende. Aber für die Ausbildung war schon klar, dass man Leute, so qualifiziert wie nur möglich, haben muss. Man hat mir auch den entsprechenden Job zugesagt, wenn ich die Seminare mache.

Während meiner ganzen Zeit habe ich immer relativ schnell auch Verantwortung oder bestimme Gebiete übernommen. Schon bald nach meiner Lehre war ich dann zehn Jahre lang die Vertretung vom Zweigstellenleiter. Man wollte dann Veränderungen in Staufen, auf der Hauptstelle, und man hat gedacht, das läuft ja gut, so wie ich das in Heitersheim mache, und man macht mir das schmackhaft in Staufen, dass ich da die Mitarbeiterführung übernehme, weil der damalige Geschäftsleiter das einfach nicht in den Griff bekommen hat. Er hatte zwar sein Arbeitsgebiet und die Kunden ganz gut im Griff, aber eben nicht die Mitarbeiter. Es sind eben sehr viele Frauen, und es ist oft auch sehr schwierig, die unter einen Hut zu kriegen.

Dann hat man gesagt, man gibt dem jetzt jemanden an die Hand, und ich soll das übernehmen. Ich habe es dann auch gemacht, es hat mir Spaß gemacht und es hat auch gut funktioniert. Ich habe die Frauen einfach viel selbst organisieren lassen.

Wer macht am Samstag Dienst? Wer bekommt wann Urlaub? Das waren immer die größten Streitereien. Ich habe ihnen nur gesagt, wie viele für die erforderliche Besetzung da sein müssen und es war ihre Sache, wie sie das geregelt haben. So sind sie in eine Eigenverantwortung hineingekommen und das hat dann ganz gut geklappt.

Dann kam der Patrick, ganz überraschend, der Dritte. Ich bin dann mit dem Patrick auch ein halbes Jahr zu Hause geblieben. In dieser Zeit hat man die Stelle dann umbesetzt. Eigentlich habe ich gedacht, das macht ein Spezialist, und wenn ich wieder zurück komme, muss ich das machen. Man hat mich aber in die Entscheidung nicht eingebunden, sondern mich dann, als ich wieder gekommen bin, vor vollendete Tatsachen gestellt. O.k., ich habe das dann mitgemacht, habe aber gesagt, die Seminare will ich trotzdem besuchen. Das hat man mir dann auch zugestanden.

Ich war dann immer wieder vier Wochen in Steinbach, insgesamt sechsmal. Und das war dann richtig Stress: Das war alles mit Klausuren, du musstest jede Menge lernen, und dann hat auch mal wieder ein Kind geplärrt. Der Patrick war da erst einen Monat alt, als ich das erste Mal für zwei Wochen weg war. Der wollte dann bei mir schlafen, wo ich doch gar nicht daheim war. Da hat man dann schon gemerkt, dass das auch die Familie beeinflusst. Aber nichts desto Trotz, ich habe den Kindern gesagt: „Die Mama ist nie fertig mit lernen und muss immer wieder in die Schule."

Die Sandra hat auch immer ein extremes Theater vollführt, und dann habe ich es ihr einmal gar nicht gesagt. Erst am Sonntagabend habe ich ihr gesagt: „Du, die Mama muss morgen wieder aufs Seminar." Da war sie total beleidigt und hat gesponnen. „Das hättest du mir auch früher sagen können!" Dann habe ich gesagt: „Du hast ja immer schon eine Woche vorher angefangen, herumzuspinnen! Da habe ich gedacht, ich belaste dich diesmal nicht so. Ich sage es dir einfach dann, wenn es so weit ist. Du weißt, ich muss die Kurse machen, und es sind jetzt noch drei Stück, dann sind sie fertig."

Dann hat sie auch einmal nachgedacht und gesagt: „Ja, ich weiß es ja und ich mache jetzt auch nicht mehr so blöd." Da war das für sie auch in Ordnung."

Sie räuspert sich und erzählt nach einer kurzen Pause weiter:

„Ich denke, dass das auch gut für die Kinder ist, wenn man ihnen vorlebt, dass es nicht zu Ende ist, wenn man einen Beruf hat, sondern dass man eben immer irgendwo weiter macht. Und dass man nicht einfach die Schule zu Ende machen muss und dann ist Schluss, sondern, dass man die Schule gut machen muss, damit man später drauf aufbauen kann. Und das kriegen sie schon auch mit, zumindest teilweise. Ich hoffe doch, dass sie ihre eigene Schule nicht bloß als Pflichtübung sehen.

Ich habe dann die Kurse zu Ende gemacht und man hat mir bei der Volksbank die Stelle nicht gegeben, die ich haben wollte. Bei der Volksbank nennt es sich Regionaldirektor, dann ist man zuständig für ein paar Geschäftsstellen, für die Organisation und für die Mitarbeiter. Das wollte ich machen, habe mich auch darauf beworben und habe es einfach nicht bekommen. Ich habe meinen zuständigen Vorgesetzten gefragt, ich wollte eben wissen, woran es liegt. Habe ich zu wenig Qualifikationen, mache ich menschlich etwas falsch, gibt es irgend etwas, wo ich einfach Fehler habe, oder traut er mir die Stelle einfach nicht zu?

Dann hat er so herumgedruckst. Er hatte übrigens auch gekündigt, sonst wäre er wohl gar nicht so ehrlich gewesen. Jedenfalls hat er dann gesagt, er hätte das lange ignoriert und es auch nicht so ernst genommen, aber jetzt hätte er erfahren müssen, dass der Vorstandsvorsitzende keine Frauen in der zweiten Führungsebene will. Gut, sie haben zwar eine Frau als Direktorin, aber das ist sozusagen eine Altlast vom vorhergehenden Vorstand. Frauen kommen nicht weiter als bis zur Geschäftsstellenleiterin, da ist dann Ende der Fahnenstange.

Ich war maßlos enttäuscht, weil ich mich wirklich durchgebissen habe. Ich bin dann auch noch zum Vorstandsvorsitzenden hin und habe ihn auch noch gefragt, aber der hat mir so eine ehrliche Antwort nicht gegeben. Ich habe ihm auch gesagt, dass ich ja diese ganzen Seminare gemacht und in allen gut abgeschnitten habe. Was ist denn dann der Grund?

Da sagt der doch zu mir (also, der war wohl auch überfordert mit der Situation, dass ihn jemand so offen anspricht): Das hätte er mir sowieso nicht zugetraut, dass ich diese Seminare mit meinen drei Kindern so durchziehe.

Auf jeden Fall ist das Gespräch unbefriedigend für mich gelaufen, und es war dann klar: Für mich ist also als Geschäftsstellenleiterin das Ende erreicht. Da dachte ich, dass ich mir den Aufwand von den letzten drei Kursen hätte sparen können, wenn da Schluss sein muss.

In Annoncen habe ich dann gelesen, dass die Sparkasse in Müllheim das Gleiche sucht und ich dachte, jetzt bewerbe ich mich einfach. Es war für mich zwar unvorstellbar, bei der Sparkasse zu arbeiten, weil wir ja immer direkte Konkurrenten waren. Trotzdem habe ich mich da beworben, und beim Vorstellungsgespräch war ich so beeindruckt von dem Vorstand, wie der mit mir umgegangen ist, wie die Gesprächsführung war, seine Vorstellungen, ja das ganze Drumherum eigentlich. Und ich dachte: „Also Sparkasse hin oder her, das wäre es schon!"

Eigentlich bin ich mit der Einstellung hingegangen, einfach einmal zu sehen, welche Chancen man hat und welche Vorstellungen die so haben. Vielleicht war das ganz gut, dass ich so locker an die Sache herangegangen bin. Er sagte mir dann, das Auswahlverfahren dauert noch eine Woche, aber nach zwei Tagen hat er angerufen und gesagt, er möchte noch einmal mit mir sprechen, er möchte mich gern einstellen. Innerhalb von einer Woche musste ich dann entscheiden, was ich mache.

Dann habe ich es auch dem Rainer erzählt, dem habe ich ja vorher gar nicht gesagt, dass ich mich bei der Sparkasse beworben habe. Er meinte dann, es war nicht so ganz in Ordnung, wie es bei der Volksbank gelaufen ist. Das Menschliche kam völlig zu kurz. Man wurde eigentlich nur noch nach Zahlen bemessen, alles andere spielte keine große Rolle mehr. Wenn ich jetzt meine, das wäre für mich das Richtige, dann soll ich es eben einmal probieren. Na ja, und dann habe ich da zugesagt.“

Monika macht eine Pause und meint dann:

„Ich muss sagen, das Aufgabengebiet gefällt mir ganz gut, das ist eine Herausforderung. Zeitlich gesehen ist es allerdings negativ, weil ich am Tag wirklich um die zehn Stunden beruflich verbringe. Morgens gehe ich in der Regel um halb sieben und komme am Abend zwischen sechs und acht wieder nach Hause. Dann gibt es, je nach dem, noch Veranstaltungen.

Auf der anderen Seite denke ich, für mich selbst ist es eigentlich ganz gut. Ich habe wenige Berührungspunkte, also mit der Schwiegermutter gibt es wenig Konflikt. Wenn ich heimkomme, ist es eigentlich schon so spät, dass sie ihre Fernsehsendungen schauen will und wir dann auch unsere Ruhe haben. Das heißt, ich kann mich mit den Kindern und mit Rainer austauschen, ohne dass sie ständig dabei ist. Und beruflich bin ich auch noch mal gefordert, das macht mir eigentlich auch Spaß. Der Rainer hält mir daheim den Rücken frei, ich denke, das ist bei einer anderen Konstellation auch nichts anderes.

Trotz allem habe ich immer noch meine Zeiten, in denen ich mich mit meinen Freundinnen treffe. Man geht nach wie vor einmal auf ein Konzert oder man trinkt einmal ein Glas Wein. Zwar nicht mehr so oft wie früher, ich denke, das bringt der Beruf so mit sich. Vielleicht habe ich auch das Bedürfnis nicht mehr so, weil ich auch am Abend Veranstaltungen habe, öffentliche Anlässe und so weiter, da bin ich eigentlich genug fort und unter Leuten, sodass ich das gar nicht unbedingt brauche. Eigentlich gefällt es mir ganz gut, jetzt auch am Wochenende daheim herumzuhängen und einen Roman zu lesen, also nichts, wo ich jetzt meinen Kopf dabei anstrengen müsste. Oder mit den Kindern irgendwas machen, ins Schwimmbad gehen, oder mit dem Fahrrad unterwegs sein. Was ich auch noch gerne mache, ist, durch den Wald zu wandern. Ich habe das Gefühl, den Kindern gefällt es im Großen und Ganzen auch. Ja, und der Rainer ist auch froh, dass ich jetzt mal etwas ruhiger bin und auch nicht jedes Wochenende Action haben muss. So gesehen finde ich schon, dass sich alles recht gut entwickelt hat."

Nach einer längeren Pause meint sie:

„Was ich vielleicht noch ergänzen muss: Als ich den Patrick bekommen habe, da bin ich psychisch in ein totales Loch gefallen, weil die Schwiegermutter während der Schwangerschaft zu mir gesagt hat: „Was, schon wieder eins, wir hätten auch gern einmal unsere Ruhe." Das hat mich total getroffen, das hat sie auch gar nicht so gemeint, aber der Patrick war kein Wunschkind. Ich habe ihn halt bekommen, weil ich die Pille genommen und dann eine Fastenkur gemacht habe. Ich konnte die Pille wohl nicht mehr richtig verarbeiten und bin dann schwanger geworden. Zwar hätte ich schon noch ein drittes Kind gewollt, aber nicht so bald. Das war furchtbar für mich, weil ich mich selbst auch nicht so mit der Schwangerschaft angefreundet habe, und dann sowas, das hat mich schon arg verletzt. Dann war der Patrick da und es war auch wieder dasselbe, das Erdrücken und sich in alles einmischen. Da habe ich gedacht, jetzt trenne ich mich, jetzt gehe ich, das mache ich nicht, das ist nicht mein Leben. Ich war da Mitte dreißig und das ist sowieso so eine kritische Phase, wo man denkt: War das jetzt alles und wie geht es jetzt weiter?

Da dachte ich also, jetzt trenne ich mich, ich komme auch alleine mit meinen Kinder durch. Dann habe ich aber gedacht:

Also eigentlich ist es ja Blödsinn. An meinem Mann liegt es sicher nicht, er ist schon der Mann, mit dem ich zusammen sein und bleiben will. Es ist ja eigentlich nur die Schwiegermutter. Dann habe ich hin und her überlegt und gedacht: Klar, was der Schwiegervater mit dem Maximilian so alles macht, das ist ja auch toll. Ob ich jetzt zu egoistisch bin, wenn ich jetzt einfach ausziehe und weggehe? Das bringt mir ja auch nichts, wenn der Rainer dann seine Depression bekommt. Ich weiß, dass er gerne da wohnt und da ist.

Ich war wirklich hin und her gerissen und es ist mir auch furchtbar schlecht gegangen. Dann bin ich auch krank geworden, habe ständig Blutungen gehabt und Ausschlag am ganzen Körper. Ich habe also auch schon gesundheitlich reagiert.

Ich bin dann zum Doktor, und der hat zuerst einmal gesagt, ich soll aus dem Ganzen raus und zur Kur. Weil der Patrick noch ganz klein war, erst ein Viertel Jahr alt, wurde die aber nicht bewilligt. Dann hat der Doktor gesagt: „Es tut mir leid, aber sie können jetzt nicht fort, das tut dem Kleinen nicht gut. Ich weiß, ihnen geht es auch nicht gut, aber dem Kleinen schadet es noch viel mehr, wenn sie weggehen. Da müssen sie zwei Jahre warten. Aber wir probieren etwas anderes." Er kennt eine gute Psychologin, hat er gemeint, und ich soll einmal zu ihr gehen, die ist so in meinem Alter. Und ich soll mal schauen, ob mir das hilft. Wenn nicht, dann suchen wir einen anderen Weg.

Dann war ich also bei der Frau, und ich muss sagen, wir waren uns recht sympathisch. Ich denke, das spielt auch eine wichtige Rolle. Ihr habe ich meine Ängste und Nöte erzählt. Und die Psychologin hat erzählt, es sei eigentlich nicht so wichtig, was in der Vergangenheit war, sondern ich muss jetzt zurechtkommen mit meinem Leben und nicht irgendwas aufarbeiten, an dem man sowieso nichts mehr ändern kann. Das war eigentlich auch in meinem Sinn, ich dachte, dass das richtig ist. Ich war also bei ihr und habe gehört, dass es ganz normal ist, wie ich empfinde, also, dass ich nicht spinne. Manchmal habe ich schon gedacht, bin ich eigentlich noch normal oder nicht? Sie hat mir dann klar gemacht, dass es schon normal ist, wie ich empfinde und ich müsste einfach einen Weg finden, damit ich meine Schwiegermutter nicht so ernst nehme. Ich sollte mir auch darüber klar sein, dass wenn ich jetzt etwas regle, dann ist es erstmal geklärt, aber in einem Jahr muss ich es wieder regeln, das wird immer wieder von vorne anfangen. Es hält halt nichts für ewig. Das waren so die Sachen, die mir dann schon geholfen haben.

In der Zeit, als Sandra Kommunion hatte, wurde jemand gesucht, der die Kommunionsvorbereitung macht. Ich hatte mir immer einen halben Tag frei genommen, jeden Dienstag Nachmittag für die Kinder, und habe an den anderen Tagen einfach länger gearbeitet. Wenn die am Dienstag die Kommunionvorbereitung machen, dann mache ich da mit, dachte ich mir. Das hat dann tatsächlich geklappt, ich habe die Kommunionvorbereitung mitgemacht und habe dabei gemerkt, dass es eigentlich das ist, was ich gesucht habe, was mir einen inneren Frieden gibt. Wir haben alle vierzehn Tage mit dem Pfarrer Bibelgespräche geführt über die Glaubensfragen und die Themen, die wir mit den Kindern dann gemacht haben. Da habe ich so eine Zufriedenheit gefunden, das kannte ich überhaupt nicht, das war die richtige Ergänzung zu der Psychologin, zum absolut richtigen Zeitpunkt. Dadurch hatte ich auch Kontakte zu anderen, also auf Familienfreizeiten, und habe dann einen Glaubenskurs gemacht. Da lernte ich ganz viele Leute kennen, denen es genauso geht.

Das war ja auch so ein Problem: Mit drei Kindern hast du ja fast als asozial gegolten, und ich habe ganz viele Familien kennen gelernt, die mindestens auch drei Kinder hatten. Und da habe ich mich richtig wohl gefühlt.

Ich wusste dann, das ist mein Weg, dass ich auch wieder regelmäßig in die Kirche gehe, dass ich mir aus dem Evangelium auch was mitnehme. Seither mache ich das eigentlich immer, dass ich auch am Wochenende irgend etwas mache, was sich von der Kirche her anbietet, und von dem ich denke, das gefällt mir, da sind Leute dabei, die auch zu mir passen.

Dieses Jahr gehe ich auch wieder mit zum Pilgern, zu einem Wallfahrtsort in Bosnien-Herzegovina. Das ist eine Atmosphäre, die gefällt mir einfach, das tut mir einfach gut. Eigentlich hätte es der Pfarrer gerne gehabt, dass die Partner diesmal auch mitgehen, aber der Rainer hat gesagt, das braucht er nicht, das gefällt ihm nicht. Aber er sagte, wenn du das willst, dann mach es, aber er möchte lieber daheim bleiben, das tut ihm besser. Dann habe ich gedacht, das ist ja auch nicht Sinn der Sache, ihn dahin zu zwingen. Ein einziges Mal habe ich ihm einen Urlaub aufgedrückt, und da war er so schlecht drauf, das war schlimmer, als wenn wir daheim geblieben wären. Es ist also klar, das ist nicht das, was der Rainer braucht, das muss ich auch akzeptieren.

Aber ich mache das eben, das gibt mir Kraft, da schalte ich ab. Beruflich hab ich viel mit Zahlen zu tun, nur Organisatorisches und Rechnen und Kalkulieren, und das ist dann ein ganz anderer Bereich, da kannst du deine Seele einfach einmal baumeln lassen. Das ist es einfach, das tut mir einfach gut und ich versuche schon, es einmal im Jahr, in irgend einer Form und sei es nur ein Wochenende, zu machen.

Ich denke, dass ich den richtigen Zugang dazu gefunden habe, dass ich mich rundherum wohl fühle. Wenn ich daran denke, wie das vor zehn, fünfzehn Jahren gewesen ist, dann möchte ich nicht mehr zurück.

Aber bei dem Ganzen muss man auch offen sein. Jetzt, im Nachhinein, habe ich mir gedacht, dass es vielleicht etwas ganz anderes gewesen wäre, wenn ich mich getrennt hätte.

Dann hätte ich vielleicht einen blöden Nachbarn gehabt oder sowas. Und ein schlechtes Gefühl hätte ich wahrscheinlich noch dazu gehabt, weil ich gedacht hätte, dass ich den Kindern die Großeltern weggenommen habe. Ich habe meine Oma ja nur bis fünf gehabt und habe mir zu Weihnachten einmal eine Oma gewünscht. Es war für mich immer erstrebenswert, Großeltern zu haben. Wenn ich das anders gemacht hätte, dann hätte ich vielleicht auch kein gutes Gefühl dabei gehabt.

Ich denke, dass man in einer schwierigen Situation, die man vielleicht hat, schon auch überlegen muss, was man an sich selbst ändern kann, von der Einstellung her. Sicher muss man das Für und Wider abwägen. Wenn man bei so einer Situation krank wird, ist es sicher nicht richtig. Wenn man den falschen Partner hat, wenn der Rainer jetzt nicht der Richtige für mich gewesen wäre, dann wäre sicher einiges anders gelaufen.

Aber wenn es stimmt, dann muss man sich schon überlegen, wie man aus allem das Beste macht.

Ja, ich glaube, das wars."

„Für mich war es gut, dass ich mich aus den Fängen der Familie gelöst habe"

Sabine

ist zum Zeitpunkt des Interviews 41 Jahre alt und hauptsächlich als Hausfrau und Mutter dreier Kinder tätig. Sie erzählt ihre Geschichte zügig, in nüchternem Tonfall.

„Ich bin 1961 geboren und ich bin die älteste Tochter. Ich habe noch zwei jüngere Schwestern, die kamen zwei und sieben Jahre später zur Welt. Ich wurde in einen Geschäftshaushalt hinein geboren; mein Vater hat eine Firma aufgebaut und meine Mutter musste auch sehr viel arbeiten. Man hat das von ihr erwartet, und ich denke, das hat mein ganzes Leben beeinflusst. Von klein auf habe ich mitbekommen, dass meine Eltern viel gearbeitet haben; mein Vater heute immer noch, meine Mutter konnte sich Gott sei Dank irgendwann davon lösen."

Sabine kehrt wieder zurück zu ihrer Kindheit:

„Ich kam in die Grundschule. Wir haben mit der Oma im Haus gewohnt. Das war auch sehr belastend für die Familie, weil meine Oma auch sehr viel gearbeitet hat. Tag und Nacht

hat sie gearbeitet und von meiner Mutter das selbe verlangt. Obwohl meine Mutter eigentlich lieber Hausfrau und Mutter gewesen wäre. Wir zwei älteren Kinder mussten so nebenbei laufen. Das wurde von ihr einfach erwartet.

Ich bin mit sechs Wochen in die Kinderkrippe gekommen, meine Schwester zwei Jahre später auch. Man hat meine Mutter schon regelrecht dazu gezwungen oder von ihr ganz mit Nachdruck erwartet, dass sie die Kinder in die Kinderkrippe abgibt. Da waren wir zwei Kleinen dann, von morgens bis abends. Meine Mutter hat dann später auch erzählt, dass sie oft auf dem Weg dorthin weinte, weil sie uns abgeben musste.

Ich denke, das prägt mich bis heute, ohne dass ich jetzt genau greifen kann, was das alles beeinflusst hat. Ich habe noch Erinnerungen dran, an die Räumlichkeiten. Sie erscheinen mir so schematisch, alles ist so geordnet, Bett an Bett und Schrank an Schrank. Ich habe keine Erinnerungen an Erlebnisse, sondern an diese Ordnung. Die Kinder wurden so rübergereicht, nach dem Motto: Ich geb sie dir und du gibst sie mir wieder zurück. Dieses Rüberreichen ist mir sehr stark in Erinnerung geblieben. Dann bin ich also in die Grundschule gekommen. Das war ganz normal. Ich habe mich bei der Lehrerin nie so richtig wohl gefühlt und ich denke das hat sich auch in den Noten niedergeschlagen. Ich habe ganz schlechte Erinnerungen an diese Lehrerin und an diese Zeiten in der Grundschule.

Dann bin ich in die Hauptschule gekommen. Ich war auf der Hauptschule eigentlich unterfordert. Ich denke, das war nicht meines, ich hab das mit Leichtigkeit gemacht."

Sie unterbricht kurz, fährt dann aber gleich wieder fort:

„Später habe ich die Mittlere Reife nachgeholt, habe noch das Berufskolleg bis zur Fachhochschulreife gemacht und später noch eine kaufmännische Lehre, weil ich dann nicht mehr zur Schule wollte. Ich wurde ja auch schon 19 ... In der Lehre gefiel es mir auch nicht, das war ..."

Sie denkt nach. *„Das Ganze war einfach zu unmenschlich. Im Nachhinein muss ich sagen, meine Oma hat mich von Klein auf beeinflusst. Sie hat in der Firma mitgearbeitet und immer gesagt: „Wenn ich nicht mehr arbeite, dann übernimmst du meine Stelle im Büro."*

Und so wurde ich von Anfang an dahin getrimmt. Ich denke, ich hatte nie die Möglichkeit, mich frei zu entscheiden, was ich einmal werden möchte. Ich habe nämlich immer Krankenschwester im Kopf gehabt, aber ich wurde immer so versteckt beeinflusst, den kaufmännischen Weg einzuschlagen. Das habe ich bis heute bereut, weil das absolut nicht mein Weg war und ..."

Sie unterbricht den Gedankengang.

„Gut, ich habe dann gearbeitet, aber ich bin mit Widerwillen zur Arbeit gegangen. Mit meinen Arbeitskollegen habe ich mich gut verstanden, das ging dann schon. Aber die Geschäftsleitung, das harte Kaufmannsleben, das war einfach nicht meins. Ich habe mich nicht verstanden gefühlt. Und trotzdem habe ich auf der Schiene immer weiter gemacht, Betriebswirt in der Abendschule. Da habe ich auch meinen Mann kennen gelernt.

Wir sind glücklich verheiratet und heute denke ich, ohne die Abendschule hätte ich ihn nie kennen gelernt. Allein deshalb musste es so sein, und das versöhnt mich dann wieder so ein bisschen. Wenn ich denke, dass ich ihn sonst auf gar keinen Fall kennen gelernt hätte. Ich wäre ja in einem ganz anderen Umfeld aufgewachsen, hätte meine Jugendzeit ganz anders erlebt und ..."

Wieder bricht sie ab, macht eine längere Pause.

„Als wir heirateten war ich 24. Das war noch in der Zeit der Abendschule. Mit 26 bekam ich dann meinen ersten Sohn. In der Zwischenzeit habe ich dann tatsächlich bei meinen Eltern im Geschäft gearbeitet. Da gab es natürlich dann einen

Engpass, weil gleichzeitig auch noch auf EDV umgestellt wurde. Plötzlich hieß es, eigentlich muss ich im Geschäft weitermachen, sonst hätte man jemanden einstellen müssen. Es war überhaupt ein Chaos.

Nachdem meine Tochter drei Monate alt war, habe ich dann doch wieder angefangen zu arbeiten. Das ging ganz gut. Mein Mann hat Schicht gearbeitet, ich habe immer die Gegenschicht gemacht. Ich konnte auch samstags und sonntags und in der Früh um fünf arbeiten. Ich bin Frühaufsteherin und habe das auch gemacht. Ich war ja längst wieder zu Hause, als er dann zu Arbeit musste."

Sie räuspert sich, spricht sofort weiter:

„Nach drei Jahren hatte ich eine Fehlgeburt, wurde dann aber gleich wieder schwanger und habe das Kind auch bekommen. Meine zweite Tochter war aber eine Frühgeburt. Man wusste nie, ist das Kind behindert, ist es normal. Es hat einfach nicht zugenommen, ist nicht gewachsen und hat sich motorisch nicht entwickelt.

Das war ein ganz schwieriges Jahr, ich war dann auch zu Hause, aber es hat mich körperlich total mitgenommen. Sie ist fast das ganze Jahr lang alle zwei Stunden nachts gekommen und ich musste immer wieder mit ihr in die Kinderklinik. Das war schon heftig, ich war körperlich am untersten Limit. Dann kam in dieser Zeit auch noch hinzu, dass meine Mutter sehr stark an Depressionen erkrankte. Das hat mich dann ganz arg runtergerissen; ich habe mich von ihr mitreißen lassen in diese Krankheit. Eigentlich hatte ich ja zwei Kinder, die Kleine fing auch langsam an, sich zu entwickeln, ich war glücklich verheiratet, eigentlich stimmte alles ... Dann ist eben die Krankheit meiner Mutter dazu gekommen und von der ließ ich mich jahrelang mit runterreißen. Nach zwei Jahren habe ich probiert, wieder zu arbeiten. Ich wollte einfach raus. Ich habe es körperlich nicht geschafft, und das wars dann.

Morgens musste ich oft im Geschäft anrufen: „Ich kann nicht arbeiten, meiner Mutter geht es schlecht." Ich konnte das ja auch machen, es war ja das Geschäft meiner Eltern. Oder mein Vater rief an und meinte: „Bleib zu Hause, du kannst heute nicht arbeiten gehen, der Mama geht es nicht gut." So haben wir eben versucht, sie zu begleiten. Diese ganze Geschichte dauerte wirklich mehrere Jahre lang.

Ich hörte dann auf, zu arbeiten. Ich konnte einfach nicht mehr, es war einfach nicht möglich."

Sabine macht eine längere Pause.

„Ja, dann beruhigte sich das Ganze. Ich kam wieder auf die Füße und meiner Mutter ging es allmählich auch wieder besser," beschließt sie diese Episode.

Nach einigen Momenten des Nachdenkens erzählt sie weiter: *„Da wurde ich wieder schwanger und bekam eine wahnsinnige Angst davor, wieder so ein Kind zu bekommen, wieder so eins, das womöglich irgendwelche Störungen hat, krank ist ... Ich dachte: Oh Gott, das kannst du nicht verkraften. Ich habe es dann doch bekommen und es war ein Wonneproppen. Das war die Versöhnung. Irgendwie wurden wir für alles entschädigt, für das Ganze, was sich die Jahre vorher abgespielt hat.*

Mit dem Kleinen ging das alles ganz automatisch und ist gut gelaufen. Meine Mutter wurde dann auch wieder gesund und mir ging es eigentlich psychisch immer noch schlecht. Meine Mutter war dann ihre Depressionen los, aber ich hatte sie stückweise immer noch. Ich musste auch sehr viel an mir und an allem arbeiten. Mein Mann hat aber auch da ganz toll mitgemacht. Ich musste nie irgendwelche Kämpfe mit ihm ausstehen."

Sabine fasst zusammen: *„Ja, er hat mich da ganz toll unterstützt in der ganzen Zeit!*

Irgendwann wurde dann unsere Wohnung zu klein und wir mussten uns entscheiden: Mein Mann hat immer fünfzig Kilo-

meter weiter weg gearbeitet und es war klar, dass er dieselbe Stelle nicht in einer anderen Firma bekommen könnte. Die Arbeit machte ihm Spaß, und er wollte dort bleiben. Also sind wir dort hingezogen.

Es war gut, dass diese räumliche Trennung von meiner Mutter stattgefunden hat. Im Grunde brauchte sie mich ja nicht mehr und für mich war es gut, dass ich mich aus den Fängen der Familie gelöst habe."

Ihr Redefluss stockt ein wenig, sie sucht nach einem neuen Anfang.

„Ja ..., dann haben wir zwei Jahre lang gebaut, haben viel selbst gemacht. Ich selbst habe am Bau gar nicht viel mitgearbeitet, ich hatte ja die drei Kinder zu Hause.

Ich habe mich um die Kinder gekümmert, war eineinhalb Jahre lang wirklich allein erziehend. Trotzdem habe ich aber in dieser Zeit immer versucht, mir in Volkshochschulkursen Abwechslung zu verschaffen, habe auch viele Freizeiten mit den Landfrauen gemacht, einfach, um raus zu kommen. Was mir auch sehr gut getan hat.

Während der Zeit, in der meine Mutter krank war, habe ich das auch immer gemacht. Ich bin oft mit den Kindern mal eine Woche in den Urlaub gefahren, einfach weg, um auch mal von zu Hause auszubrechen.

Das hab ich während der ganzen Zeit gemacht. Auch Malkurse besucht, NLP-Kurse gemacht und Kommunikationswochenenden für Frauen besucht und alles Mögliche, und das hat mir auch sehr gut getan. Es war nie mehr mein Wunsch, wieder in den Beruf zurück zu kehren. Je länger ich jetzt draußen bin, desto mehr weiß ich, dass ich nicht zurück möchte. Es ist mir überhaupt nicht wichtig, im kaufmännischen Bereich noch einmal Fuß zu fassen.

Zurzeit überlege ich, was ich tun soll. Der Jüngste ist jetzt fünf Jahre alt und ich ...„

Sabine unterbricht sich, nimmt den Faden dann wieder auf:

„Ich möchte auch gerne etwas anderes machen. Mit Anfang vierzig wird ein Neubeginn im Beruf natürlich schon schwer. Ich habe noch diese drei Kinder. Sie brauchen mich auch und die sind nicht so ganz pflegeleicht, wie man es sich vielleicht vorstellt, wenn man keine Kinder hat," sagt sie und lacht.

„Also, ich merke schon, dass die mich noch brauchen, aber andererseits kämpfe ich mit mir. Was bleibt dann mit mir? Mein Ego sucht da immer schon den Weg, um mich zu befriedigen, dass ich auch zu meinem Recht komme. Ich denke, ich habe auch ein Recht darauf.

Ich taste mich ganz langsam vor und hoffe einfach, dass ich mit den Kindern den Weg für mich finde und ... mich nicht immer von anderen beeinflussen lasse. Das wünsche ich mir eigentlich, dass ich den Weg mache und finde!" meint Sabine und beschließt die Erzählung mit einem Lachen.

„Wenn wir zusammen halten, dann schaffen wir das"

Martha

ist 69 Jahre alt, verwitwet und hat vier Kinder. Sie führt einen Sechs-Personen-Haushalt. Sie hat die Hauptschule abgeschlossen, ihre Erwerbstätigkeit ist die Landwirtschaft.

Martha erzählt ihre Lebensgeschichte in einem Atemzug, ohne Punkt und Komma:

„So: Ich bin im März 33 geboren. Das war schon so eine komische Zeit. 39 kam ich in die Schule, daran kann ich mich noch gut erinnern. Wir waren noch Erstklässler, da war unser Lehrer plötzlich fort. Er wurde in den Krieg eingezogen. Da haben wir gefeiert und gejubelt, dass der Lehrer fort ist! Mehr haben wir gar nicht gedacht und dann ist so langsam der Ernst des Lebens gekommen.

1939 oder 40 wurden wir in die Nachbargemeinde eingemeindet und mussten dann dort zur Schule. Das war für uns ganz komisch. Wir wollten nicht dorthin und wir haben uns gewehrt. Wir mussten uns schon fast gegenseitig dort hintragen. Wir waren in der Pause immer eine Gruppe für uns, weil das eben Pflicht war. Ich glaube, unsere Eltern wollten das auch nicht, weil es so eine Rivalität zwischen den beiden Gemeinden gab und unsere Gemeinde war halt die Kleinere, und die hat verloren.

So haben wir das ausgetragen! Wir gingen dann bis 45 dort zur Schule. Wir sind oft nicht hin gegangen, weil wir zu spät dran waren.“

Mit einem Lachen erzählt sie weiter:

„Wir waren die Kleinen, aber die Großen haben uns schon gesagt, was wir zu tun haben! Und wenn da oben am Himmel ein Flieger gebrummt hat, dann haben wir gesagt: „Da kann man nicht weitergehen.“ Wir haben uns in den Wald gesetzt und sind dort sitzen geblieben, bis die Schule wieder aus war. Dann sind wir wieder heim gegangen.

45 kamen dann die Amerikaner. In unserem Ort wurde ziemlich gekämpft. Bei uns sind fünf Scheunen abgebrannt, die von den Amis zusammengeschossen wurden. Der Ortsvorsteher, der hat den Ort dann übergeben mit einer weißen Fahne. Und da waren noch deutsche Soldaten, die mit einem Gewehr gegen die Amis geschossen haben. Dann sind die Amis um den Ort herum gefahren und sind dann auch reingekommen. Ich muss oft noch daran denken, wie wir im Keller saßen: Da waren zwei ganz junge Soldaten mit Uniform bei uns im Keller und wir haben dann zu ihnen gesagt: „Zieht die Uniform aus, wenn die jetzt kommen!“

Sie haben es nicht gemacht und zu uns gesagt: „Wir bringen euch alle in Gefahr, wenn die Amis da sind und unsere Soldatenkleider finden.“ Dann sind die Amis gekommen und haben die Tür aufgemacht. Die Soldaten sind hinausmarschiert und die Amis haben sie mitgenommen! Alles hat geheult! Man hat dann nie mehr etwas von den beiden jungen Männern gehört, die sind dann später bestimmt in die Heimat entlassen worden oder sind in Gefangenschaft gekommen ...

Als wir aus dem Keller heraus gekommen sind, hat es überall gebrannt, also es war nicht schön.

Dann ist es so langsam aufwärts gegangen. Als die Flüchtlinge kamen, war in allen Häusern jedes Zimmer belegt. In meinem Elternhaus hatten wir zwei Familien. Wir waren vier Kinder, und da war dann schon was los!

Die Leute haben ja überhaupt nichts gehabt! Sie sind mit uns am Tisch gesessen und wurden mit verpflegt. Dafür haben sie mitgearbeitet. Damals war ja noch vieles Handarbeit, es war anders als heute. Man ging zu fünft oder sechst zusammen hacken, es war schön, es war auch ein bisschen Unterhaltung dabei. Wenn man überlegt: Im Frühjahr stand man wochenlang draußen und hat die Disteln rausgestochen. Das kann man sich heute nicht mehr vorstellen!

Nach und nach haben sich die Flüchtlinge etwas gesucht, es gab dann genug Arbeit. Wir sind dann immer größer geworden und haben dann niemanden mehr gebraucht. Das alles hat sich nach und nach ergeben.

Ich erinnere mich auch noch ganz gut an die Währungsreform 1948. Wir hatten in diesem Jahr so viele Äpfel. Nach der Reform haben wir sie verkauft und hatten dann so viel Geld, dass wir ein Pferd davon kaufen konnten. Das war irgendwie anders als heute. Damals konnte man sich noch an was freuen. Heute ist alles so schnelllebig. So war das, 48.

Nach und nach ist es immer besser geworden. Um 1950 kam auch mein Bruder aus der Schule und hat den Eltern geholfen und wir konnten uns einen Bulldog kaufen. Das war dann schon was! Für einen Betrieb, aus dem was geworden ist. 1959 haben wir uns ein Auto gekauft, das war so das Ziel, das man sich gesteckt hat.

Und dann ist 59 mein Vater gestorben. Das war dann wieder ein Rückschlag, aber so ist halt das Leben! Wir haben dann fest zusammengehalten und es gemeistert. Die Mutter musste auch viel mitmachen, aber das hat man als junger Mensch gar nicht so gesehen.

Ich habe dann meinen Mann kennen gelernt und dachte immer: Du kannst nicht fort gehen und dort helfen, mein Bruder hat noch niemanden und die Mutter kannst du auch nicht alleine lassen. 1964 haben wir geheiratet, mein Bruder hat zwei Jahre später geheiratet, dann war wieder alles in Ordnung.

Wir haben uns eine junge Familie aufgebaut, hatten dann vier Kinder. Erst einen Sohn, 65, Zwillinge 68, das war ein Bub und ein Mädchen und 70 noch einmal ein Bub.

Dann wurde mein Mann so krank. Er hatte Gelenkrheuma, das war ganz schlimm. Er war dann ein Viertel Jahr ganz außer Gefecht. Wir haben in der Zeit einen Stall gebaut und ich bin oft im Stall gestanden und habe dort etwas gemacht. Oft sind die Tränen dabei geflossen, weil man gar nicht wusste, wie es weiter geht, wenn er nicht mehr gesund wird. Wir hatten dann doch Glück gehabt, dass er das überwunden hat. Er hat so viele Ratschläge bekommen, jeder hat gesagt: „Du darfst dies nicht essen, du darfst jenes nicht, du musst in Ruhe leben …“. Deshalb waren wir oft bei einem Pater und wir haben alles probiert und es hat dann auch geklappt!

Wir konnten dann wirklich mit der Krankheit leben. Er musste sich eben halten. Manchmal hat er dreimal am Tag die nasse Unterwäsche gewechselt, wenn er so geschwitzt hat, aber damit haben wir das in den Griff bekommen.

Ja, dann ist der Stall auch fertig geworden und wir haben schon 1971 einen Laufstall gehabt! Das war damals noch so am Anfang.

Die Kinder sind bald gewachsen und mussten alle helfen. Jedes hat seinen Teil an Arbeit bekommen. Wir hatten Hühner und Eier, das haben die Kinder gemacht. Sie hatten gar nicht so viel Gelegenheit, weg zu gehen, weil wir doch außerhalb wohnen. Es hat gut geklappt und es waren dann auch schöne Zeiten. Der Sohn hat dann Landwirtschaft gelernt, er war ein halbes Jahr weg, in Fremdlehre. Er sollte wirklich alles über Viehwirtschaft lernen, Milch, Nachzucht und was eben so dazu gehört. Als dann der Sohn wieder heimkam, hatte er noch Winterschule und dann wäre alles so schön geworden. Wir haben noch gesagt: „Jetzt haben wir es geschafft, jetzt sind wir zu zweit."

Dann ist mein Mann ganz plötzlich gestorben und wir sind wieder dagestanden.

Ich habe oft darüber nachgedacht, ich habe meinen Mann mit 53 verloren, meine Mutter war damals 54. Als Junge hat man das nie verstanden und auch die Mutter nicht verstanden. Aber wenn es einen selbst betrifft, ist das irgendwie doch etwas ganz anderes.

Der Sohn war 21, es war eine schwere Zeit mit dem Betrieb, bis wir das alles so in den Griff bekommen haben. Wir hatten viel Hilfe von der Nachbarschaft, das muss man sagen. Mein Bruder ist auf dem Landwirtschaftsamt, der ist viel mit Rat und Tat beigestanden und der Sohn hat die Liebe zum Vieh. Er war auf einem feinen Viehbetrieb in Maulbronn in der Lehre und den Stall, den hat er eigentlich im Griff gehabt. Den Außenbetrieb hat mein Mann gemacht. Aber die Hilfe hat man für den Außenbetrieb besser bekommen als im Stall.

So haben wir uns eben ein Jahr ums andere wieder hochgearbeitet. Ich habe zu den Kindern immer gesagt: „Wenn wir zusammenhalten, dann schaffen wir das alles."

Und wir haben es geschafft!

Es ist dann gut gelaufen. Die beiden anderen Buben haben dann einen Beruf gelernt, sind beide Werkzeugmacher, und das Mädchen hat studiert. Sie hat ihren Beruf nicht fertig gemacht, weil sie zwischendurch geheiratet hat und ein Kind gekommen ist. Aber ich glaube, dass sie so sogar glücklicher ist. Sie ist wirklich eine Hausfrau und eine Mutter und da ist das andere gar nicht so wichtig. Sie hat jetzt inzwischen vier Kinder, da ist sie ja beschäftigt! Mit Beruf ist da momentan nichts mehr drin. Die Buben sind jetzt auch alle versorgt. Sie sind zwar noch nicht verheiratet, wie das heute eben so ist, aber inzwischen kommt das zehnte Enkelkind. Ja, da ist schon was geboten!

Und dann – das war dann auch noch schwierig: Mein Mann war 52 und durch einen Hirnschlag plötzlich weg. Es war ja eigentlich noch gar nichts geregelt, dass man den Betrieb abgibt, das war schlimm!

Es hing alles an mir, das in die richtige Reihe zu bekommen. Man will es ja jedem recht machen und man kann von keinem zu viel verlangen. Wir haben dann miteinander gesprochen und ich denke, wir haben es gut gelöst. Die junge Generation ist zufrieden und die Alten sind auch zufrieden.

In der Landwirtschaft ist ja heute alles ganz anders als es früher war. In unserer Jugend war da viel Handarbeit und heute geht das alles mit Maschinen und Computer, es geht einfach nicht mehr anders. Aber ich denke, trotzdem ist die Arbeit heute schwerer als sie früher war. Wir konnten auf den Acker, einen Nachmittag lang hacken, da hat gar nichts gestört, da brauchte man nichts denken, man konnte so richtig abschalten.

Und heute? Da ist doch immer was! Mit dem Viehbetrieb ist im Stall laufend etwas los, dann klingelt das Telefon, dann kommt der Vertreter und dann muss man ... Es ist eben eine rechte Hektik heute. Und früher waren viele Leute im Betrieb, heute sind es meist nur noch der Betriebsleiter, seine Frau und die Oma. Es ist ein großes Glück, wenn noch ein Opa da ist, aber bei uns eben nicht.

Mein Sohn hat es wirklich schwer gehabt. Mit 21 wurde er hineingestellt, war für alles verantwortlich. Die Jugend war dann eigentlich nicht mehr so schön. Mit einem Viehbetrieb hat man wenig Freizeit. Wir haben oft versucht, immer mal ein freies Wochenende zu schaffen. Wir haben alle zusammen geholfen und so es hat auch immer geklappt.

Ja, und dann haben wir auch eine junge Frau gebraucht. Das war auch nicht so einfach. Es waren alle möglichen im Spiel. Er hatte dann ein Mädchen, die die Meisterprüfung gemacht hatte. Aber sie hatte auch einen Betrieb und wollte ihre Eltern auch nicht alleine lassen. Zwei Jahre war das so ein Hin und Her, dann haben sie sich entschlossen, dass sie sich trennen. Sie ruft heute noch an und fragt, wie es uns geht, man ist nicht böse auseinander gegangen, aber das war halt schlecht.

Ich bin dann oft am Grab gestanden und hab gesagt: „Albert, hilf uns doch!" und ich denke oft, er hat uns geholfen. Wir haben eine sehr nette junge Frau bekommen. Sie hat jetzt drei Kinder, sie schafft gern und wir verstehen uns auch gut.

Wir haben es dann so gelöst, dass sie im Stall ist und ich im Haus bei den Kindern bin. Beim Ersten waren wir mit Babyfon zu zweit im Stall und mussten dann immer wieder ins Haus rennen. Wir haben gesehen, das hat keinen Wert.

Also bin ich drinnen geblieben und sie melkt. Sie braucht ja auch zweieinhalb Stunden, bis sie fertig ist. Ich frühstücke dann mit den Kindern, bringe den Großen in den Kindergarten und mittags koche ich dann. Dadurch ist die junge Frau beweglicher, sie kann im Betrieb etwas tun, sie kann auch mal weg, wenn sie etwas zu erledigen hat. Es gibt ja heute so viel Bürokram, das hatten wir früher ja gar nicht. Oft muss sie noch abends dafür dasitzen. Jetzt ist sie durch unsere Regelung beweglicher und kann vieles morgens erledigen. Am Morgen ist jede Generation für sich.

Ich koche mittags und dann essen wir hier bei mir am Tisch. Abends ist jede Familie für sich. Die junge Frau hat natürlich auch ihre Küche, aber dadurch ist viel Zeit und ich denke, ich habe ihr vieles abgenommen.

Wir machen das so schon seit fünf Jahren und es klappt. So werden wir es auch weiterhin machen, so lange ich noch kann. Arbeit gibt es ja mehr als genug.

Die Zeiten in der Landwirtschaft sind auch nicht so rosig. Alles kostet einen Haufen Geld und unsere Produkte, das Vieh, kostet nichts mehr. Die Milch ist das einzige, was momentan noch etwas bringt. Aber man hat ja auch noch die anderen Sachen, und Arbeit gibt es mehr als genug!

Seit zwei Jahren haben wir jetzt einen Lehrling dabei, das ist eine große Erleichterung. Wir haben auch immer Glück gehabt. Wir haben jetzt auch ein Mädchen aus Karlsruhe, die Außenwirtschaft lernt. Sie arbeitet sehr schön mit und passt sehr gut in die Familie, und letztes Jahr hatten wir einen jungen Mann, der war auch einmalig! Und jetzt im Herbst bekommen wir auch wieder jemanden.

Der Sohn könnte das allein schier nicht mehr machen. Die Betriebe werden immer größer, das Vieh wird immer mehr, es braucht jede Menge Futter. Man arbeitet ja ein ganzes Jahr für das Vieh, es fängt im Frühjahr an und geht bis in den Herbst, bis das man das Futter hat. Und über den Winter gibt es so viel zu reparieren und zu tun, dass es auch nicht leichter wird. Aber wir hoffen, dass es nicht mehr wird.

Wir haben auch schon wieder im Stall umgebaut und angebaut, weil es nicht mehr gereicht hat, so wie wir das 71 gebaut haben. Ein Stall mit Außenhof für das Vieh, damit sie raus können und die Kälber sind auch draußen. Das Jungvieh haben wir zum Teil in Pension gegeben. Das spart auch eine Menge Arbeit. Und so denken wir eben, dass wir über die Runden kommen.

Die Sonntage sind auch ausgebucht; bis man morgens in der Kirche war und zu Mittag gekocht hat ..., dann kommt meist noch Besuch. Die anderen Kinder kommen ja auch, und ich bin froh, wenn sie kommen. Und dann sind die Sonntage auch schon wieder vorbei.

Wenn man so zurückblickt, wenn man darüber nachdenkt, was das eigentliche Leben ist, wie man sich abrackert und manchmal meint es geht nicht, es geht nicht weiter, dann ist das eigentlich gar nicht wahr. Es geht immer weiter, egal wie es ist.

Ich denke, es ist das Wichtigste, dass man zufrieden ist, dass es gar nicht so wichtig ist, ob man dies oder jenes mehr hat, sondern dass man einfach aus dem, was man hat, das Beste macht.

Heute ist das gar nicht mehr so. Heute ist der Konkurrenzkampf, der ist so hart, das ist ...

Selbst die Nachbarschaft, das ist alles nicht mehr so, wie es früher war. Wenn früher mal jemand in Not war, da ist man halt hingegangen. Ich habe oft daheim erlebt, dass da jemand gekommen ist, der in Not war, dann haben wir zusammen gegessen und wenn jemand krank war, da ist man hingegangen und hat einfach geholfen, da hat man gar nicht gefragt ums Bezahlen. Geld wollte man eigentlich nicht. Das ist heute nicht mehr. Heute geht alles ums Geld und irgendwie, wenn es jemandem schlecht geht, ist auch oft der Wurm drin. Ich weiß auch nicht, wie ich es sagen soll.“

Und sie schließt lachend ab:

„Jetzt weiß ich, glaube ich, nichts mehr!“

„Hergeben wollen wir die Oma trotzdem nicht!"

Gabi

ist 46 Jahre alt, verheiratet, hat drei Kinder unter 15 und eines unter 18 Jahren. Ihr Haushalt umfasst sechs Personen. Gabi hat das Gymnasium besucht, Agraringenieurwesen studiert. Derzeit ist sie Hausfrau und nimmt zusätzlich an einer Fortbildungsmaßnahme teil.

„Also, ich fange meine Geschichte in der Kindheit an: Ich bin mit zwei anderen Geschwistern in einer Bauernfamilie aufgewachsen, auf dem Land, in einem kleinen Dorf. Ich musste sehr viel in der Landwirtschaft mithelfen, wie meine Schwestern auch. Als ich älter wurde, habe ich mir geschworen: Ich will nie wieder etwas mit Landwirtschaft zu tun haben.

Ich habe die Schulen nach und nach gemacht, erst die Hauptschule abgeschlossen, dann die Wirtschaftsschule abgeschlossen. Danach bin ich noch auf das Gymnasium. Nach dem Abitur wollte ich eigentlich erst in die Krankengymnastik gehen, das hat aber nicht geklappt. Ich habe mir dann wieder

Zeit gelassen, habe in ganz unterschiedlichen Berufen gearbeitet; vor allem, um Geld zu verdienen, als Bedienung, in der Fabrik, als Letztes in der Psychiatrie als Krankenpflegehelferin. Das hat mir sehr gut gefallen. Zwischenzeitlich habe ich mich entschlossen, doch Landwirtschaft zu studieren und habe mich beworben. Längere Zeit bekam ich keine Nachricht und war drauf und dran, eine Schwesternausbildung zu machen in der Psychiatrie, wo ich gearbeitet habe, also einfach als Helferin. Die Stationsärztin hat versucht, mich zu überreden, dass ich da rein gehe.

Dann kam die Nachricht, dass ich den Studienplatz in Weihenstephan bekomme, Landwirtschaft. Ich habe mich gemeldet und mich eingeschrieben und habe dann acht Semester lang Landwirtschaft studiert. Während des Studiums war ich in verschiedenen Betrieben im Praktikum, das hat mir immer sehr gut gefallen.

Nach dem Studium wusste ich nicht genau, welchen Weg ich beruflich einschlagen soll. Ich wollte am Ort bleiben, wo ich studiert hatte. Daheim kam für mich nie in Frage, auch von der Entfernung her.

Ich wollte ein bisschen am Ort bleiben und habe einfach etwas gesucht zum Geld verdienen und bin in die Nachbarschaftshilfe eingestiegen, beim Diakonischen Werk, bei der evangelischen Kirche, mit der das zusammenhängt. Da arbeitete ich ein halbes Jahr und habe alle möglichen Leute betreut, von alt bis alkoholabhängig, Familien betreut. Eine Mutter ist krank geworden, hat Krebs bekommen und ich habe ihr die Kinder betreut und den Haushalt geführt. Daneben habe ich geschaut, dass ich in meinen Beruf reinkomme, dass ich eine Stelle finde. Irgendwann habe ich dann auch eine Stelle gefunden, das war dann in Überlingen, hier am Bodensee. So bin ich an den Bodensee gekommen. Vorher hatte ich noch nie mit dem Bodensee zu tun gehabt. Ich habe mich da in einer

Suchtklinik beworben, eine Langzeit-Rehaklinik für Alkohol-, Drogen- und Medikamentenabhängige mit sechs Monate Aufenthalt. Die haben jemanden als Arbeitstherapeuten für den Arbeitsbereich Landwirtschaft gesucht, und die Stelle habe ich dann bekommen. Ich habe mir hier eine Wohnung gesucht und mein damaliger Freund ist auch noch hergezogen.

Dann haben wir hier in Meersburg geheiratet und ich habe als Arbeitstherapeutin weiter gearbeitet, bis das erste Kind kam."

Sie unterbricht sich kurz und meint:

„Oh, jetzt hab ich was vergessen: Bevor ich nach Überlingen gekommen bin, wollte ich nicht länger bei der Nachbarschaftshilfe bleiben. Es hat mir zwar Spaß gemacht, aber das war ja nicht meine Sache, stimmte nicht überein mit meinem Berufsziel. Ich habe dann noch ein Jahr als Betriebshelferin gearbeitet. Ich habe mich beim Katholischen Landvolk als Betriebshelferin gemeldet und bin eingestellt worden. Das war sehr interessant und hat mir auch gut gefallen. Ich wurde als Hilfe eingesetzt, wenn der Betriebsleiter erkrankt war oder wenn der einen Unfall hatte und bin in der großen Umgebung von Karlsruhe eingesetzt worden und rumgekommen. Weil ich keine feste Bindung und keine Kinder hatte, ging das auch gut, dass ich mich alle vier bis sechs Wochen woanders aufhielt.

Danach habe ich dann die Stelle in Überlingen angenommen, habe dort gearbeitet, bis das erste Kind kam. Ich ging in den Mutterschutz und fing dann auch nicht mehr an zu arbeiten."

Mit einem Lachen ergänzt sie:

„Dann kam ja auch das zweite Kind, dann das dritte Kind! Als das dritte Kind drei Jahre alt war und es in den Kindergarten konnte, habe ich wieder angefangen, nach einer Arbeitsstelle zu suchen, halbtags. Meine Stelle ist inzwischen wieder frei geworden, aber es war nur möglich, in Vollzeit zu

arbeiten und das wollte ich nicht. Ich wollte nur halbtags, mit dem Haushalt ging es auch nicht anders. Während ich auf der Suche nach einer Stelle war, hat es sich herausgestellt, dass meine Mutter, die ungefähr eine drei viertel Stunde von uns entfernt wohnte, wahrscheinlich an Alzheimer erkrankt war. Wir haben mit ihr eine Untersuchung gemacht, ich bin mit ihr zum Arzt. Es ist immer wahrscheinlicher geworden, dass sie Alzheimer hat und irgendwann Pflege braucht.

Das ging so ein Jahr; anfangs hat uns die Mutter noch oft besucht, ist noch selbst Auto gefahren. Das ist dann nicht mehr möglich gewesen. Also haben wir sie besucht und hergeholt und immer wieder zurückgebracht, weil sie ihre Wohnung nicht aufgeben wollte, ihre Erinnerung nicht aufgeben wollte. Irgendwann war es überhaupt nicht mehr möglich, dass sie allein lebt, sie ist dann nur noch praktisch hilflos in ihrem Ort herum gelaufen und es ist immer ärgerlicher geworden mit ihr. Verständige Nachbarn sind dann nicht mehr verständig gewesen, weil sie eben viele für andere unverständliche Sachen gemacht hat und vielen Leuten dann irgendwann auf die Nerven gegangen ist.

Wir haben sie dann endgültig zu uns geholt und somit war für mich klar, dass ich meine Mutter versorge. Das war sehr schwierig, vor allem, weil meine Mutter sehr umtriebig und rastlos war. Sie hat sich nur noch an mich gehängt und ich konnte meiner Hausarbeit und meinen Verpflichtungen nicht mehr nachkommen. Ich wollte meine Mutter gern mal stundenweise in Pflege geben, aber da war überhaupt nichts zu finden. Es gab keine Einrichtungen, die alte Leute oder Hilfsbedürftige tagsüber oder stundenweise zu sich nehmen. Das ging nicht, man konnte sie nur im Heim anmelden und im Heim lassen oder mal ins Heim bringen, um Urlaub zu machen.

Ich hätte gerne eine Lösung für meine Mutter gehabt, die halb- oder ganztags funktioniert, dass ich nachts wieder mei-

ne Mutter hätte versorgen können. Nachts musste ich sie auch versorgen; sie hat nur geschlafen, wenn sie total erschöpft war. Dann setzte sie sich irgendwann hin und schlief ein, hingesunken, in Tiefschlaf versunken für ein paar Stunden. Zwei, drei, manchmal nur eine oder auch mal vier. Sie war dann wieder topfit und hat durchgemacht, bis sie wieder total erschöpft war. Es war ihr egal, ob es Tag oder Nacht war.

Dann war ich selbst nicht mehr in der Lage, sie rund um die Uhr zu betreuen. Ich war total am Ende meiner Kräfte. Ich habe dann eine Annonce in unser Ortsblättchen gesetzt, dass ich Leute suche, die mir helfen, meine Mutter zu versorgen, nachdem ich zuvor verschiedene Krankenkassen und Einrichtungen, die mit alten Leuten zu tun haben, angefragt hatte. Das Angebot in der Nähe wäre Tettnang gewesen. Ich hätte also meine Mutter nach Tettnang bringen sollen.

Dann hätte ich sie jedes Mal hinbringen müssen und wieder nach Hause fahren, am abend wieder hinfahren und sie abholen. Das wäre mit sehr großem Zeitaufwand und Umständen verbunden gewesen, weil eben in der Nähe nichts erreichbar war. Schlussendlich habe ich dann, durch die Annonce im Blättchen, doch noch Leute gefunden, die meine Mutter stundenweise für mich betreut haben.

Eine Frau ist dann recht regelmäßig gekommen und hat meine Mutter mitgenommen, zwei bis drei Stunden spazieren gehen, und zwei andere Frauen aus dem Ort haben sich auch angeboten.

Wenn ich solche Dinge, wie meinen Garten hacken, machen musste, dann habe ich meine Mutter zu der Frau im Dorf gebracht. Die hat sie beschäftigt mit Kaffee trinken, spazieren gehen, Bilder ansehen ... so lange, wie meine Mutter das ausgehalten hat. Das war dann auch irgendwann das Problem: Meine Mutter wollte nicht länger bei anderen Leuten bleiben, also hat die Frau sie wieder nach Hause gebracht.

Sonst konnte ich in der Zeit wenigstens mal zügig irgendwelche Dinge erledigen, aber das war jetzt vorbei. Wenn ich zum Beispiel den Garten gehackt habe, stand meine Mutter nebendran. Ich konnte gerade mal ein paar Hiebe machen, bevor sie mir die Hacke aus der Hand genommen und gesagt hat: „Was machst du da, ich kann nicht zugucken, hör auf!" Sie hat mir alles aus der Hand genommen, egal, was ich gerade machen wollte. Habe ich die Zeitung gelesen, hat sie mir die Zeitung aus der Hand gerissen: „Ich kann das nicht aushalten, wenn du Zeitung liest!" Und sie hat nichts mehr ausgehalten, egal, worum es ging.

Irgendwann konnte ich sie auch nicht mehr nach Friedrichshafen mitnehmen. Eine Zeit lang habe ich sie zum Einkaufen mitgenommen. Irgendwann fing sie an, nur noch Angst zu haben, vor fremden Menschen, vor Lärm von Autos, vor der Straße. Sie ist damit nicht fertig geworden. Ich denke, sie konnte sich nicht mehr von irgendwelchen Geräuschen abgrenzen. Sie konnte nicht mehr, sie wollte auch nicht mehr in den Garten hinaus. Eine Zeit lang ging sie in den Garten und hat ihre Runden um das Haus gedreht, weil sie unruhig war und sich immer bewegen wollte. Irgendwann blieb sie nur noch im Haus, weil sie die Geräusche von draußen nicht mehr ertragen hat. Und, Gott sei Dank, habe ich Leute gefunden, die mir geholfen und mir meine Mutter stundenweise abgenommen haben. Acht Jahre lang hat sich dann praktisch unsere ganze Familie um unsere Mutter gekümmert, weil die Krankheit von der Pflege her sehr anspruchsvoll ist. Die Kinder mussten mitmachen und mitziehen, mein Mann auch."

Sie lacht, als sie erzählt:

„Wenn die Windeln gewechselt werden mussten war es gut, wenn wir zu zweit waren, denn meine Mutter hat es nicht eingesehen, dass sie die Windel tragen musste. Also hat einer mit ihr geredet und sie abgelenkt, der andere hat schnell,

schnell die Windel angelegt. Meine Mutter war eine große, kräftige Frau. Alleine konnte ich schon rein körperlich nicht an sie heran kommen.

Ich habe sie ein paar Jahre lang gepflegt und bin, jetzt muss ich überlegen: 1993, dann plötzlich wieder schwanger geworden. Die Familienplanung war eigentlich abgeschlossen und das war am Anfang ganz schlimm, dass ich mit einem vierten Kind schwanger geworden bin, besonders wegen der Wohnverhältnisse.

Wir hatten eine Vierzimmerwohnung, draußen viel Platz, aber eben eine Vierzimmerwohnung. Ein Zimmer war schon von der Mutter belegt, es war schon sehr anstrengend und auch eng für uns alle. Dazu drei Kinder in einem Zimmer. Dann kam das vierte Kind und weil ich auch so angespannt war, körperlich sehr angestrengt und von den Nerven her auch nicht mehr so fit war, war ich wirklich im Zweifel, was ich machen sollte.

Für mich war wirklich die Frage: Soll ich das Kind jetzt bekommen oder nicht bekommen? Ich habe mich auch nicht getraut, es jemandem zu sagen, nur meinem Mann. Ich habe es auch vor den Kindern versteckt, weil ich Angst hatte, die Kinder würden sagen: „Was machst denn du? Wir haben sowieso keinen Platz!" Das ist verrückt, und ich habe es auch ziemlich lange vor den Kindern geheim gehalten. Ich habe mich schon recht bald entschlossen, das Kind zu bekommen und im sechsten Monat haben wir es ihnen dann gesagt, weil die Kinder, ich weiß nicht wie, es mitbekommen haben. Auf jeden Fall waren sie begeistert, noch ein Geschwisterchen zu kriegen. Ich war ganz platt! Der einzige Vorwurf, den sie mir gemacht haben war, dass ich es ihnen nicht früher gesagt habe.

Dadurch ist natürlich wieder alles viel leichter geworden. Wir haben uns schon die ganze Zeit nach einer Wohnung umgeschaut. Wir wollten in Meersburg bleiben, da gibt's wenige Gelegenheiten, dass die Leute mal umziehen. Wir hatten auch wieder Glück, als ein Haus frei geworden ist und wir es sogar mieten durften.

Nachdem das vierte Kind auf der Welt und zwei Monate alt war, sind wir mit meiner Mutter umgezogen. Dann hatten wir viel Platz in dem Haus. Es war ein Haus mit großem Garten wie auch zuvor, aber mit viel mehr Platz und ich konnte es viel geschickter mit meiner Mutter einrichten. Sie hatte eine Etage mit eigener Dusche. Es war umgebaut, dass man mit dem Rollstuhl hineinfahren konnte und so ist die Pflege erleichtert worden. Vom Platz her gab es nicht mehr dieses sich auf den Füßen rumtreten, diese Enge. Durch die Enge gab es immer wieder Probleme und das hat sich somit alles gelöst.

Die Pflege hat insgesamt acht Jahre gedauert und nach acht Jahren ist meine Mutter dann gestorben. Jetzt ist es ein Jahr nach dem Tod meiner Mutter."

Gabi räuspert sich und spricht dann weiter:

„Zuerst musste ich mich ein paar Wochen erholen, habe einfach nicht viel gemacht und dachte: Wenn ich jetzt wieder viel Zeit habe, dann wird alles gemacht, die Flickwäsche erledigt, alles wieder gerichtet, was so im Argen hing. Dann hab ich erst gemerkt, dass ich überhaupt nichts mehr geschafft bekomme. Ich hatte einen richtigen Durchhänger, aber nicht, weil ich traurig war, sondern weil ich alles mal hängen lassen konnte und keine so starken Pflichten mehr hatte. Ich habe mich einfach nur ein paar Wochen erholt, zu Hause erholt, nur das Wichtigste gemacht. Dann spürte ich, es geht wieder besser.

Das Emotionale habe ich in der Pflege total ausgeblendet, anders hätte ich das auch gar nicht machen können. Nicht nur von Freundinnen, von vielen Seiten kam die Anerkennung, dass ich das geschafft habe."

Nach einer kurzen Pause erzählt Gabi weiter:

„Ich erkundigte mich über den beruflichen Wiedereinstieg und hatte Glück, dass es ein Programm für Frauen nach den Erziehungs- oder Pflegejahren gibt. Man konnte irgendwelche Maßnahmen in Anspruch nehmen; bei mir war das eine EDV-Grundausbildung, weil ich gesehen habe, dass ich in meinem Beruf auch mit Computern umgehen muss, wenn ich nicht nur in die praktische Landwirtschaft zurück will. Wenn ich in die Organisation oder andere Aufgaben wahrnehmen will, dann brauche ich das. Jetzt bin ich gerade dabei, diesen Kurs zu machen, drei Viertel davon habe ich schon hinter mir. Er ist eingeteilt in Theorie und zwei Monate Praktikum und ich stehe am Ende der Theorie und gehe bald ins Praktikum. Dafür habe ich auf dem Landwirtschaftsamt eine Stelle gefunden, die ich sehr gut finde. Ich versuche natürlich, nach dem Praktikum wieder halbtags in den Beruf einzusteigen.

Zurzeit bin ich sehr, sehr gut gelaunt und frohen Mutes und habe das Gefühl, es klappt alles, wenn man nur will. Ich hoffe, dass dieser Zustand eine Weile anhält, weil man auch immer wieder mitbekommt, dass es zurzeit auch schwierig ist, nur halbtags eine Arbeitsstelle zu finden, eine Stelle in meinem Beruf, im ländlichen Raum. Die Landwirtschaft hier hat nur kleine Betriebe und bäuerliche Familienbetriebe, die können sich keine angestellte Kraft leisten und, wie gesagt, die Kliniken haben zurzeit nur Vollzeitstellen für Arbeitstherapeuten. Ich versuche es trotzdem.

Zurzeit probiere ich, über landwirtschaftliche Projekte und Organisationen, die es in der Region noch gibt, weiterzukommen und eine Stelle zu finden. Mein Zukunftsziel ist, in Vollzeit zu gehen, wenn das Jüngste größer ist. Ich habe Lust, wieder in meinem Beruf zu arbeiten und da noch etwas zu bewerkstelligen und hoffe, dass es für mich in der Richtung weiter läuft.

Ja, jetzt weiß ich dann nichts mehr zu sagen," schließt sie lachend ab, fügt aber nach einer kurzen Pause noch hinzu:

„Wenn ich vielleicht noch etwas sagen darf: Es war zwar schwer, es ist nicht so gelaufen, wie ich es wollte, aber ich habe immer hinterher gemerkt, dass es Dinge gibt, die ich sonst nie erlebt hätte und mein Leben dadurch eine Richtung bekommen hat.

Ich bin froh um die Erfahrung und ich glaube, dadurch, dass ich eine große Familie habe, viele Kinder habe, überhaupt erst durch die Kinder so viel erfahren durfte.

Ich glaube, man ist viel ärmer ohne Kinder. Ich hätte das nie erlebt, auch die Pflege meiner Mutter, die sehr anstrengend war. Ich kann jetzt so viel mitreden und verstehen, kann mich hineinversetzen und bin selbst schon in Gedanken, was ich mache, wenn ich alt und krank werde. Ich habe keine Angst davor, sondern bin eigentlich zuversichtlich, dass ich da durch die Erfahrung eine gute Regelung finden kann, wenn ich das nicht verdränge. Meine Mutter hat verdrängt, dass sie krank ist, sie hat nie mit sich reden lassen, was mit ihr geschehen soll, wie sie es gerne haben wollte. Durch die Erfahrungen möchte ich das anders anpacken, ich will schon vorher zum Beispiel mit meinen Angehörigen oder meinen Freunden drüber reden.

Da fällt mir ein: wenn ich mit meinen Freundinnen zusammen sitze und wir über das Alter sprechen, im engsten Kreis, reden wir oft davon, dass wir später mal eine Alten-WG machen, dass man nicht allein in seinem Kämmerlein hockt, sondern wir gemeinsam in einem Haus oder einer Wohnung sitzen und uns im Alter gegenseitig unterstützen." Sie lacht, als sie anmerkt: *„Falls die Kinder sich nicht um die Pflege reißen, dass wir das dann gemeinsam machen.*

Also mein Alter, das stelle ich mir so vor. Ich kann mir das wirklich gut vorstellen, mit meinen engsten Freundinnen zu-

sammen zu leben und ich hoffe, dass wir auch noch im hohen Alter genug Stoff haben!"

Gabi beendet lachend ihre Erzählung, fügt aber später hinzu: *„Jetzt kommt noch ein Nachsatz: Ich wollte noch sagen, dass ich meine Mutter ein Jahr, bevor das Pflegegesetz in Kraft getreten ist, bekommen habe und da habe ich den Unterschied gemerkt. Als das Pflegegesetz in Kraft trat, habe ich Geld bekommen. Das war eine große Hilfe, weil ohne Pflegegeld hätte ich das Problem der Zeit gehabt, weil die Pflege so anspruchsvoll war.*

Ich hatte für andere Dinge wie Wäsche, also ganz normale Haushaltsdinge, keine Zeit mehr. Durch das Pflegegeld war ich dann eben im Stande, Leute zu bezahlen, die mir die Mutter stundenweise abgenommen haben. Als es irgendwann noch dramatischer wurde, konnte ich eine Putzfrau bezahlen, die stundenweise zu mir gekommen ist. Dadurch ist für mich alles viel leichter und einfacher geworden, Haushalt, Familie und den Pflegefall in einem zu überbrücken. Es war für mich eine große Hilfe und dadurch wurde die ganze Sache wieder einfacher zu organisieren.

Und ich wollte auch noch sagen: Die Kinder, die habe ich zu kurz kommen lassen. Die haben eigentlich die ersten vier Jahre unter der Krankheit gelitten, weil meine Mutter eifersüchtig auf sie war. Sie hat versucht, alle Personen, die von mir etwas wollten, die mit mir etwas bereden wollten oder was auch immer, von mir fern zu halten.

Sie ist sehr hart geworden, ist keine Oma mehr gewesen in dem Sinn, wie sie es früher war. Sie war eine Konkurrenz für die Kinder, sie hatte versucht, die ganze Sache in die Hand zu nehmen, indem sie Besuch fern gehalten hat, Freundinnen von meinem Kindern aus dem Haus gewiesen hat, den Kindern nachgegangen ist und versucht hat, zu streiten, indem sie tätlich wurde."

Gabi unterbricht sich mit einem Lachen: *„Die Kinder sind zum Glück schneller gewesen als die Ohrfeigen!*

Irgendwie ist bei ihr dieses Beherrschende durchgekommen, das bei ihr, in starker Abschwächung allerdings, schon früher, vor der Krankheit, da war. Die Kinder mussten anfangs unter ihr leiden, aber trotzdem haben sie und mein Mann, wenn wir zusammen saßen und beratschlagten, ob wir das weiter so machen, immer gesagt: „Hergeben wollen wir sie auf keinen Fall! Wir müssen das eben irgendwie so machen, dass es für alle zu ertragen ist.

Das wollte ich noch anfügen."

„Ich wollte Mutter und Vater zugleich sein"

Theresia

ist 64 Jahre alt und hat vier Kinder. Sie ist verwitwet und lebt alleine. Sie hat Volks- und Handelsschule abgeschlossen, ist gelernte Einzelhandelskauffrau, ohne Erwerbstätigkeit.

„Ja, ich bin im März 1938 geboren in Freiburg, aber meine Eltern wohnten in Bernau im Schwarzwald. Ich bin auf unserem landwirtschaftlichen Betrieb groß geworden. Ich habe eine Schwester, die zwei Jahre jünger ist und einen Bruder, zwölf Jahre jünger.

Meine Kindheitserinnerungen sind eigentlich die Kriegsjahre – das Fortgehen von zu Hause mit meiner Mutti. Mein Vater war im Krieg. Ich habe ihn praktisch nur einmal kennen gelernt, als er auf Urlaub kam. Wir hatten auch einen Polen, der uns beistand, meiner Mutti und mir.

Wir mussten dann evakuiert werden und alles verlassen. Ich habe noch Erinnerungen, wie man meinen Cousin und mich auf dem Wagen festgebunden hat, damit man uns nicht verliert. Wir waren dann in Steinen bei Lörrach bei einer Familie einquartiert.

Man hat also zwei Kühe und irgendwelche Dinge zu essen mitgenommen und das andere mussten wir alles zu Hause zurücklassen. Daran habe ich nicht die besten Erinnerungen. Ich habe dann auch die ganzen Angriffe auf Lörrach, auf die Industrieanlagen miterlebt. Man hat uns nachts geweckt, aus den Betten geholt und zusammen im Keller gebetet."

Theresia spricht sehr leise, als sie sich an die damaligen Umstände erinnert:

„Wir haben praktisch hausiert, wie man so schön sagt, um Futter gebettelt für das Vieh, das meine Mutter bei fremden Leuten untergestellt hat. Nach dem Krieg kamen wir im Frühjahr 46 dann nach Hause. Die Scheune war abgebrannt, das Wohngebäude war sehr ... sehr zerstört, auch geplündert. So haben wir dann, meine Schwester und ich, als kleine Kinder, ich war da ja praktisch gerade mal sieben, mit meiner Mutti die Landwirtschaft betrieben, bis dann unser Vater 1948 aus französischer Gefangenschaft heimkam – und ich habe ihn überhaupt nicht gekannt."

Sehr, sehr leise fügt sie dann noch hinzu: *„Das war eigentlich ganz schmerzlich..."*

Nach einer kurzen Pause spricht sie weiter:

„Aber das war dann wirklich eine ganz gute Zeit. Er hat uns schon irgendwie gemocht, wollte einfach nachholen, was er in den neun Jahren mit seinen beiden Mädchen praktisch nicht erleben konnte. Meine Eltern hatten dann noch das große Glück, dass ich nach drei Jahren noch einen Bruder bekam und das war dann alles recht gut."

Theresias Stimme klingt ernst und zugleich traurig, als sie in ihrer Erzählung fortfährt:

„Dann sind wir groß geworden. Wir gingen zur Volksschule, das war einfach so üblich. Ich wäre sehr, sehr gerne aufs Gymnasium gegangen, aber das war einfach nicht möglich. Das ging nicht: Erstens war das nicht im Dorf und zwei-

tens musste man einfach arbeiten, man hätte nicht lernen können. Eigentlich ging das nur abends. Als ich die Volkschule beendet hatte, ging es praktisch genau so weiter. Ich war die Älteste, und man war gottfroh, dass jemand da war, der nicht mehr in die Schule muss.

Ich bin dann in die landwirtschaftliche Schule gegangen, Kochschule haben wir die damals genannt. Das waren noch einmal drei Jahre, während denen ich daheim dann auch im Verein und im Kirchenchor war, hin und wieder auch mal eine Gruppenstunde und was es sonst so alles gab ...“

Theresia unterbricht sich, überlegt kurz und erzählt dann seufzend weiter:

„Und dann kam das so: Im Winter konnte man in die Stadt, in einen Haushalt. So bin ich durch Bekannte nach Freiburg in einen Geschäftshaushalt gekommen. Aber ich sollte nur über den Winter und im Frühjahr dortbleiben, dann wieder nach Hause. Dann hat es sich so ergeben, dass diese Familie sich mit meinen Eltern in Verbindung gesetzt hat. Sie haben gesagt, sie würden mich gerne behalten und mich dann auch ins Geschäft nehmen. Mein Vater hat sich für die damalige Zeit als sehr vorausschauend gezeigt. Er hat nämlich gesagt, entweder kommt das Mädchen sofort wieder nach Hause oder sie bekommt einen Lehrvertrag und geht auch auf die Handelsschule. Da war ich 17. Noch mal zur Schule, es ist mir schwer gefallen. Mit 17 ist man doch zu alt für die Schule; aber ich habe dann doch diese kaufmännische Lehre gemacht.“

Theresias Stimme wird im Folgenden leiser:

„Ich war dann später in Neustadt im Büro tätig und habe meinen Mann kennen gelernt, der war auch aus Bernau. Es war 1962, da habe ich dann geheiratet. 63 ist unser erstes Kind geboren, unser Sohn und dann, 69, kamen Zwillinge. Das war alles wunderbar.“

Ihr Tonfall ändert sich abrupt. Nüchtern und schnell erzählt sie weiter:

„1970 ist dann mein Mann von einer Stunde auf die andere schwer krank geworden, das war im Juli 1970. Ich war wieder schwanger mit meinem vierten Kind. Das war eine schwere Krankheit und er musste dann auch sterben, das war am 5. Februar 1971. Zuvor kam noch der Ralf zur Welt, am 12. Januar 1971."

Leise und zögerlich meint sie:

„Das war natürlich der erste größere, ich möchte mal sagen, Einschnitt in meinen Leben, der sehr, sehr schwer, nicht einfach war."

Nach einer kurzen Pause spricht Theresia mit bewegter Stimme weiter:

„Ich war 33 Jahre alt und stand da mit meinen vier kleinen Kindern. Ich hatte allerdings meine Eltern noch und auch nette Verwandtschaft, sehr viel Hilfe. Aber letzten Endes war es einfach meine Aufgabe ... Ich war verantwortlich, aber ich wusste, er würde es auch so machen. Und ich muss sagen, ich hab auch sehr viel von ihm in dieser kurzen Zeit gelernt, denn er war sehr spontan. Er hat oft gesagt: „Komm, das machen wir jetzt, jetzt fahren wir mal da hin!" Einmal, da war der Älteste noch ganz klein, da meinte er: „Jetzt machen wir einmal Urlaub!", „Das geht doch nicht," habe ich gesagt. Aber er sagte nur dazu: „Doch, jetzt gehen wir an den Bodensee!" Wenn wir das nicht gemacht hätten, hätten wir gar nichts gehabt, weil ich immer gesagt habe: „Jetzt warte mal, jetzt ist zu wenig Geld da." Dieses Spontane, das hab ich später übernommen.

Heute mache ich oft mit dem letzten Geld was Verrücktes. Wir hatten zum Beispiel viel Obst. Natürlich hätten wir sagen können, dass wir das Geld sparen. Aber mein Mann hat immer so vom Campen geschwärmt und gesagt: „Mit unseren Kindern gehen wir nicht ins Hotel, wir kaufen ein Zelt!"

Daran musste ich immer denken. Also habe ich das Geld genommen, bin nach Freiburg in den Kaufhof und habe ein großes Hauszelt gekauft. Da waren die Kinder zwölf und vierzehn und wir sind einfach an den Bodensee gefahren. Ich habe oft einmal so was gemacht.

Wenn ich nur gesagt hätte, die vier Kinder, die Arbeit und das alles ist wichtig, dann wäre man mit gar nichts fertig geworden.

Die Kinder waren immer so musikbegabt, also bekamen sie halt Musikunterricht. Das hat wirklich den letzten Pfennig gekostet, alle vier hatten Klavierunterricht. Der Matthias lernte Cello spielen und hat dann Musik studiert, und der Andreas war rhythmisch sehr begabt, der konnte auch so schön Klavier spielen. Und so haben die beiden zusammen gespielt und haben Musik gemacht. Ein bekannter Schlagzeuger aus unserem Ort hat zu mir gesagt: „Theresia, ich sag dir, lass den Andreas richtig Schlagzeug lernen, der ist einfach begabt, aber der muss das nach Noten lernen."

Der hatte doch schon Klavierunterricht, das geht doch fast nicht! Aber wir haben uns dann doch erkundigt und er hat bei einem Studenten Unterricht bekommen. Also gut, dann haben wir gesagt: „Jetzt kaufen wir das Schlagzeug!"

Meine Mutti wollte mit mir einen Streit anfangen: „Jetzt haben wir sowieso kein Geld und jetzt machst du so unnötiges Zeugs!" Aber heute bin ich so froh, dass ich das alles so gemacht hab.

In der Zwischenzeit haben sie eine richtige Band gegründet, haben auf Hochzeiten gespielt und Geld verdient.

Das ist alles so diese Verrücktheit. Ich weiß, es ist nicht verrückt, aber schon ein bisschen sowas ähnliches. Man würde vielleicht sagen, ein bisschen unüberlegt oder ein bisschen leichtfertig oder einfach nur aus dem Bauch heraus, weil ich gewusst habe, mein Mann hätte das auch so gemacht.

Und es war mir einfach wichtig, dass ich die Kraft hatte, es anzunehmen als das Leben, so wie es ist ...

Also die größte Hilfe war eigentlich der Pfarrer, der aus Bernau stammt, der mich immer besucht hat. Er konnte mir wirklich irgendwie den Sinn des Ganzen erklären, mehr oder weniger. Ich kann mich jetzt nicht so richtig ausdrücken ...

Das mit meinem Mann war natürlich schon sehr Karfreitag. Aber die Kinder, der Austausch mit Seelsorgern, auch die Besinnungstage, das war dann die Auferstehung.

Ich hatte manchmal schon Angst um die Familie, aber die haben mich einfach zum Leben ermuntert. Ich weiß nicht, ob man das richtig definieren kann, weil ich in diesem großen Zeitraum so traurig war. Dann haben die Kinder immer gesagt: „Das ist nichts!“ Und da ist es mir wie Schuppen von den Augen gefallen, dass es einfach nicht gut ist, dass ich so traurig bin, immer meine Traurigkeit, wegen der Verantwortung um meine Kinder.

Die haben mir einfach das Leben wieder geschenkt, also hauptsächlich meine Familie. Obwohl ich sie nicht irgendwie fördern konnte, sie haben es wirklich selber machen müssen “

Theresias Stimme wurde bis hierher immer leiser und trauriger. Jetzt atmet sie tief durch und spricht gefasst weiter:

„Jedenfalls sind die Kinder groß geworden, sie sind in die Schule gegangen, aufs Gymnasium. Alle haben sie studiert, aus eigener Kraft!“

Der Stolz in ihrer Stimme ist unüberhörbar.

„Mein Mann war 39, als er starb und wir hatten immer sehr, sehr, sehr wenig Geld, aber trotzdem war es mir einfach wichtig, für die Familie da zu sein. Und so mussten wir eben mit dem leben, was wir hatten. Und jetzt haben alle vier studiert und ihr Studium wirklich aus eigener Tasche finanziert! Sei es mit Müllwagen fahren, sei es mit anderen Arbeiten ... Ich habe sie irgendwie nicht verwöhnt. Sie sind durch die Ver-

hältnisse nicht verwöhnt worden. Es war immer sehr, sehr wenig Geld da. Und es hat sich die Frage gestellt, ob ich arbeiten gehe. Aber für mich war es unmöglich, dass ich mit vier kleinen Kindern arbeiten gehe. Ich habe zugesehen, dass das geht und nebenbei noch ein bisschen was getan, im Pfarrhaus, im Kindergarten, einfach dazu verdienen.

Und Obst gab es viel. Heute sagen sie immer, nur dadurch konnten sie studieren. Meines Erachtens habe ich nicht so viel dazu getan, finanziell schon gar nicht. Sie mussten jobben und es ist keiner umgekommen dabei."

Jetzt wird Theresia wieder nach und nach leiser:

„Ich habe auch viele Hilfen von meinen Eltern bekommen, nicht finanziell, aber einfach Beistand eben.

Dann ist mein Vater ganz schnell verstorben, 1976 war das, an einem Herzschlag. Das war dann noch mal ein großer Einschnitt und ich hatte den Eindruck, das sei jetzt wieder eine solche Schwelle, an der es vielleicht nicht mehr weiter geht. Aber es ist dann auch wieder weiter gegangen...

Dies war dann die Zeit, auch mit dem Pfarrer, in der ich wieder meinen Glauben entdecken konnte. Die ganze Zeit über konnte ich einfach nicht mehr glauben, ich habe mehr oder weniger nur an Gott gezweifelt. Dass es so etwas geben kann! Durch viele Bekannte, durch viele Begegnungen, nicht nur hier am Ort – ich bin oft auf Seminare und auf Tagungen gegangen – habe ich wirklich sehr, sehr viel erfahren; was das Leben wert ist und dass man das einfach schafft.

Die Kinder konnten ja einmal einen Tag zur Mutti oder auch mal übers Wochenende. Es war mir ganz wichtig, dort hin zu gehen und da habe ich richtig beten gelernt und gelernt, dass Gott einen nicht allein lässt.

Ich bin dann auch regelmäßig in die Exerzitien gegangen, zweimal im Jahr, das war in St. Lioba und in Freiburg. Ich muss sagen, das ist einfach das, was mir Kraft gegeben hat, alles anzunehmen und ich durfte das auch oft wirklich hautnah spüren...

Oftmals habe ich gedacht: M u s s man eigentlich in solch schwere Situationen kommen, dass man das spüren darf? Dass man das Glück hat, diese Nähe oder diese Hilfe zu spüren?...“

Theresia lässt diese Fragen offen im Raum stehen. Nach einer Weile spricht sie weiter:

„Andererseits bin ich natürlich nicht nur als Hausmütterchen da. Mir war wichtig, dass die Kinder nicht den Vater vermissen und da wollte ich die andere Seite irgendwie auch ausfüllen. Ob Kindergarten, ob Volksschule oder Gymnasium, überall war ich Elternbeirat. Dann war ich erste Gemeinderätin im Pfarrgemeinderat in Bernau, dann habe ich 15 Jahre lang die Landfrauen geleitet, als Vorsitzende viele Veranstaltungen auf Dekanatsebene organisiert. Ich war neun Jahre Schöffin am Landgericht. Auch diese Seite versuchte ich zu pflegen, also nicht so einseitig nur Hausmütterchen zu sein. Irgendwie wollte ich auch die andere Seite ausfüllen. Was gab es dann noch?

Dann ging es eigentlich gut, die Kinder haben studiert..., aber dann gab es da auch eine Zeit, als sie dann plötzlich weg waren, die für mich ganz schlimm war, ich bin da ins Loch gefallen. Ich habe natürlich gewusst, es muss so sein, aber das war schon eine Wahnsinnsleere nach diesen vielen turbulenten Jahren, in denen ich nur gefordert war. Aber auch das habe ich dann geschafft und danach wieder Zeit gehabt für andere Dinge. Ehrenamt, Ehrenamt, Ehrenamt möchte ich mal sagen, aber das war sinnvoll und einfach gut!“

Diese Beurteilung unterstreicht Theresia mit fester Stimme und deutlichen Worten.

„Die Kinder sind jetzt alle schon mehrere Jahre in ihrem Beruf, allerdings nicht zu Hause. Wenn etwas ansteht, dann sind sie natürlich da ...

Und als ich dann gedacht habe: So, jetzt kannst du mal richtig Luft holen, mal etwas richtig Schönes machen, da kam dann die Krankheit von meiner Mutter. Das war 96 und das ging praktisch fünfeinhalb Jahre. Gut, ich konnte mich abwechseln mit meiner Schwester und meiner Schwägerin, aber trotzdem war man doch praktisch verantwortlich für Essen, Trinken, Putzen, Pflegen. Sie war ein richtiger Pflegefall und sie durfte jetzt in diesem Jahr im Frühjahr sterben. Ich denke, jetzt stehe ich wieder...“

Sie macht eine Pause, klingt noch immer traurig, als sie den Satz beendet: *„... an so einer Schwelle. Ich könnte sicherlich sagen: So, jetzt könnte ich vielleicht wirklich das machen, was ich will, aber im Moment ist noch eine große Leere da. Und, ganz eigenartig, auch so ein Bewusstsein, so eine Erfahrung, dass ich mich unbedacht zu Dingen entschlossen habe, von denen ich im Nachhinein sagen konnte: Das war richtig so. Es war vielleicht eine Fügung und gar nicht unbedingt eine eigene Idee.*

Denn ich habe mich im Januar – also ich habe auch sehr viele Seminare und sehr viel Frauenarbeit gemacht. Und seit zehn Jahren Quellenwochen; ich weiß nicht, ob das ein Begriff ist. Tage für Leib und Seele mit Begleitung, kann man sagen, und war auch schon oft in St. Ulrich auf der Schule... – ich habe mich also im Januar angemeldet zu einem Seminar „Wenn nicht jetzt, wann dann?“

Im Nachhinein muss ich sagen, es ist, als hätte ich voraus gesehen, dass es gut ist. Dass ich in so einer Leere bin und dann einfach diese Frage ganz konkret da ist ...“

Theresia beschliesst ihre Geschichte hoffnungsvoll:

„Und jetzt werde ich einfach weiter sehen und ich denke, dass mir der Herrgott an anderer Stelle einfach wieder Hilfe zukommen lässt, dass ich das richtig mache.“

„... und dann sind wir abgebrannt!"

Martina

ist vierzig Jahre alt, verheiratet und hat vier Kinder, alle unter siebzehn Jahren. Ihr Haushalt umfasst sechs Personen. Sie ist Dorfhelferin und selbstständige Gastwirtin.

Ich bin 40 Jahre alt, verheiratet mit einem Landwirt, habe vier Kinder im Alter von siebzehn, vierzehn, zwölf und zehn, zwei Söhne und zwei Töchter. Ich selbst war viertes Kind von sechs Kindern, also drei ältere Geschwister und zwei jüngere Geschwister. Bis zum sechsten Lebensjahr habe ich eine, wie man so sagt, zwanglose Kindheit gehabt. Ich war das absolut bravste, ruhigste, unauffälligste Kind meiner Eltern.

Ja, mit sechs bin ich eben in die Schule gekommen und da wurde ich ungefähr drei Wochen nach der Einschulung auf dem Heimweg von der Schule von einem fremden Mann abgefangen, der mich sexuell misshandelt hat. Erzählen, was er gemacht hat, will ich nicht. Es ist mir selbst auch ziemlich peinlich und ich will es einfach nicht.

Wenn ich es genau überlege, glaube ich, dass ich das ewig lange verdrängt habe. Eigentlich habe ich es nur meinem Mann erzählt, damit ich damit leben kann. Allerdings, manchmal denke ich schon: Warum hat mir niemand geholfen?

Es ist nie darüber gesprochen worden, es ist nie eine Behandlung erfolgt, es ist gar nichts passiert, obwohl ich nicht mal aufgeklärt war. Das ist schon ziemlich schlimm gewesen. Dadurch habe ich natürlich das Vertrauen in absolut alle Männer verloren und...“

Sie unterbricht kurz und fährt fort:

„...habe das jahrelang verdrängt. Erst seit ich eigene Kinder in dem Alter habe, vor allem zwei Töchter, ist das wieder aufgekommen. Ich habe schon ziemlich große Panik, wenn ich nicht immer weiß, wo sie sind oder sie nicht sofort finde oder wenn ich einen Mann sehe, von dem ich denke, der ist mir nicht geheuer. Ich habe eben inzwischen eine große Sensibilität gegenüber Menschen erlernt. Ich kann sie innerhalb von Minuten ziemlich gut einschätzen, weil ich gemerkt habe, dass das lebensnotwendig ist, um nicht verletzt zu werden.

Als ich den damals gesehen habe, wusste ich sofort, da passiert was. Ich habe zwar nicht gewusst, was da passiert, das war ja auch klar, aber ich hab sofort gewusst: Das ist nicht okay, da kommt was auf mich zu. Ich habe auch gewusst, dass ich keine Chance habe, wenn ich mich wehre oder wenn ich...“

Sie lässt das Ende dieses Gedankens offen.

„Ich habe keine Chance gehabt, das wusste ich schon mit sechs Jahren. Dadurch ist meine Grundschulzeit dann ziemlich schlecht verlaufen. Ich hatte auch eine Lehrerin, die mich nicht mochte und die ich nicht mochte. Mit zehn kam ich dann auf die Hauptschule und habe dort dann plötzlich Lehrer bekommen, die mich außerordentlich nett fanden.

So hatte ich dann ab der siebten Klasse nur noch Einser und Zweier. Hoppla, habe ich gedacht, ich bin ja gar nicht so dumm, wie sie in der Grundschule meinten. Dadurch ist natürlich das Selbstbewusstsein gewachsen und ich habe einen super Hauptschulabschluss gemacht.

Nach dem Hauptschulabschluss bin ich auf eine zweijährige Schule gegangen, habe Mittlere Reife gemacht, auch mit der Note 1,2. Ich habe dann aber keine Lust mehr gehabt, noch weiter auf die Schule zu gehen. Ich habe mich entschlossen, Hauswirtschaft zu lernen, weil ich mich schon als Hausmütterchen betrachten würde, wobei ich das positiv sehe. Warum ist das schlimm, wenn man gern Haushalt macht? Vor allem Blumen und Kochen und Backen und so. Kinder liebe ich auch über alles. Warum soll man das negativ sehen? Ich sehe das positiv, ich habe kein Problem damit.

In der Pubertät war ich auch eher unauffällig. Ich war schon immer mein ganzes Leben lang unauffällig, eher depressiv als aggressiv. Natürlich bin ich nie weggegangen, weil meine Angst das nicht zugelassen hat. Als ich dann siebzehn war, bin ich an einem Samstagabend mit meinem Bruder in die Kirche gegangen. Also, wir sind regelmäßig und gerne in die Kirche gegangen, das war für mich Meditation. Da geht es nicht um katholisch oder sonst was, sondern einfach um Meditation.

Nach der Kirche sagt er, er fährt mich nicht heim, er will noch fort und ich muss mitkommen. Wir haben hin und her gestritten. Ich habe gesagt: „Du hast versprochen, dass du mich nach Hause fährst, und ich will nicht weggehen. Du kannst mich nicht einfach mitnehmen, wenn du willst!“ Jedenfalls hat er sich geweigert, mich heimzufahren. Laufen ging ja nicht, das konnte ich ja nicht, aus lauter Angst. Also bin ich mit ihm mit. An diesem Abend hat mich mein jetziger Mann aufgefordert, das muss man sich mal überlegen! Er hat mit mir getanzt und ... Ich will nicht sagen am ersten Abend, aber ...

Eigentlich war es klar. Wir verstehen uns super, ich hatte hundertprozentiges Vertrauen, vom ersten Moment an. Er sah eben so aus, als könnte ich ihm vertrauen. Ich habe das auch gespürt. Jedenfalls haben wir an diesem Abend ein paar Mal getanzt und dann war vier oder fünf Tage später das nächste Fest. Es war ja dauernd ein Fest“, fügt sie mit einem Lachen ein.

„Da brauchte dann mein Bruder mich nicht überreden, damit ich mitging. Allerdings musste er schon mitgehen, denn wenn der Klaus nicht da gewesen wäre, hätte ich ja jemanden gebraucht, der mir eventuell hilft. Natürlich war der Klaus dann auch da, weil der dachte: „Hoffentlich ist sie da!“

Ab diesem Abend waren wir eigentlich ein Paar und jetzt sind wir inzwischen siebzehn Jahre verheiratet. Wir verstehen uns immer noch ausgezeichnet, auch wenn wir, wie jeder, schwere Phasen durchgemacht haben. Er gehört wohl zu den wenigen Männern, die sehr viel reden. Wir zwei unterhalten uns unglaublich viel neben der Arbeit her, weil wir ja auch oft zusammen arbeiten. Ich habe noch nie erlebt, dass ihn irgend etwas nicht interessierte, was ich ihm erzähle.

Von anderen Frauen höre ich oft: „Das interessiert die Männer gar nicht!“ Das kenne ich überhaupt nicht und erst vor Kurzem ist mir das wieder bewusst geworden, als mir jemand gesagt hat: „Der hört überhaupt nicht zu!“ Für mich war das normal, dass er immer mitredet und zuhört. Ich sage zum Beispiel: „Ich habe das und das vor.“ Er sagt seine Meinung dazu und ich kann meine auch jederzeit sagen. Ja, das klappt eigentlich super.“

Gleichzeitig, als ich ihn kennen lernte, habe ich die Lehre angefangen. Ich war in einem Großbetrieb, da hat es mir nicht gut gefallen, weil es dort über dreißig Frauen gab. Manche haben mich nicht gemocht. Die haben mich geärgert, weil ich eben gut war und weil ich mich bemüht habe. Von daheim her war ich das gewohnt, ich war das Arbeiten gewohnt. Ich hatte auch immer gute Noten, und das hat den Azubis, die vor mir fertig waren, nicht so gefallen.

Damals, mit siebzehn, habe ich das nicht verstanden und mir gedacht: „Ich ziehe das jetzt eben durch und wenn die zwei Jahre vorbei sind, dann gehe ich sofort." Ich habe es dann auch so gemacht und im Nachhinein ist mir klar geworden, dass das Eifersucht und Neid waren. Aber mit siebzehn war ich noch ziemlich naiv und beschützt von daheim.

Mit neunzehn war ich dann fertig und wollte eigentlich noch anschließend ländliche Hauswirtschaft lernen. Das ging aber nicht. Damals waren ja die geburtenstarken Jahrgänge, da hat man fast keine Lehrstelle bekommen. Dann konnte ich aber doch auf die Dorfhelferinnenschule wechseln. Danach habe ich zwei Jahre lang als Dorfhelferin gearbeitet. Es ist sehr anstrengend, aber man kann sehr viel lernen. Nach diesen beiden Jahren war ich 23 und wir haben geheiratet. Nach der Hochzeit hörte ich auf zu arbeiten, weil es hier auf dem Hof genug Arbeit gab.

Ach ja, das habe ich noch gar nicht erwähnt: Eine kleine Gaststätte ist auch dabei.

Ich bin dann in die Sache eingestiegen und da hat dann schon, ich nenne es jetzt einmal „mein zweiter Leidensweg" begonnen. Es waren noch viele Geschwister zu Hause, die mich nicht akzeptiert haben, die mir immer alles negativ ausgelegt haben. Und auch die Schwiegereltern, ich weiß nicht, welches Problem sie haben, sie reden auch nicht mit mir. Wenn ich ein Problem anspreche, dann sagen sie immer: „Das ist nicht wahr!" oder „Das denkst du dir nur aus!" und so weiter.

Aber im Prinzip war es so: Je mehr ich mich bemühte, desto mehr suchten sie etwas an mir zum Kritisieren. Wenn ich zum Beispiel einen Kuchen für alle gemacht habe, dann hieß es: „Die will sich einschmeicheln." Hätte ich aber keinen gemacht, dann hätten sie gesagt: „Die hat doch Zeit, einen Kuchen zu machen!"

Die Erkenntnis kam ziemlich spät. Irgendwann, nach sechs, sieben Jahren, dachte ich dann: „Ich kann eigentlich machen, was ich will, es wird mir negativ ausgelegt.“

Die Schwiegereltern hatten eben Rückhalt durch die Geschwister von Klaus, die noch zu Hause waren. Gleichzeitig habe ich die ersten Kinder bekommen.

Der Dominik, der Älteste, war eine Katastrophe. Seine Speiseröhre war oben offen, der Schließmuskel war nicht zu und er hatte Sodbrennen. Er hat fast nur geschrien, bis er neun Monate alt war. Er ist ja ein kräftiges Kerlchen und hat ein Organ! Unglaublich!

Klaus und ich waren natürlich total erschüttert: Unser Wunschkind, unser Superkind, unser Erstes und Ein und Alles hat immer geschrien, egal was wir taten, egal wie sehr wir uns bemühten. Das ist brutal, vor allem, wenn man daneben Volle Lotte arbeiten muss. Keine Sekunde konnte man dem Kind widmen, sonst galt man wieder als faul! Ich weiß auch nicht, aber das waren keine guten Jahre am Anfang. Nicht wegen der Partnerschaft, sondern wegen der Schwiegereltern und Geschwister.

Das zweite Kind war so wie ich: Nur brav, extrem brav, superbrav! Das war genial, das muss man wirklich sagen!

Das dritte Kind hatte wieder dieses Sodbrennen, aber da haben die Ärzte erkannt, warum das Kind so schreit. Sie gaben mir Medikamente, aber sie halfen nicht. Dadurch war die Zeit vom dritten Kind auch wieder brutal. Dominik war dreieinhalb, als das Dritte kam und eben die Katharina hat auch immer geweint und zwar jämmerlicher, weil sie kleiner ist. Aber auch sie hat keine Nacht durch geschlafen. Das ist schlimm, das ist so schlimm! Und immer schaffen, schaffen! Und immer möchte man es allen recht machen.

Als dann die Katharina acht Monate alt war, ist unser Betrieb nachts einfach abgebrannt.

Ich bin um halb zwei aufgewacht. Ich habe nie richtig tief geschlafen, weil ja die Katharina immer mehrmals nachts Hilfe brauchte. Da lag ich nur im Bett, habe die Augen zu gemacht, gedöst. Dadurch hab ich bemerkt, dass es auf dem Dach prasselt. Zuerst dachte ich es regnet stark, aber als es lauter wurde war mein Gedanke: „Hoppla, das muss schon Hagel sein!" Dann fing es an, zu knallen und ich bin so ein bisschen wach geworden. Über unserem Schlafzimmer ist Holz umgefallen, schweres Holz, es hat richtig gerumpelt.

„Ein Einbrecher!" geht es mir durch den Kopf. Ich weckte den Klaus und sage: „Da stimmt was nicht!"

Ich bin aus dem Bett gesprungen, lief in die Küche und schaute durchs Küchenfenster hinaus. Ich sah, dass der gesamte Querbau in der Ökonomie und über uns der ganze Dachstuhl schon voll in Flammen stand. Ich stehe da am Fenster und gucke und gucke und habe das Gefühl, ich stehe ewig hier und schaue fassungslos. Aber in solchen Situationen hat man ein ganz anderes Zeitgefühl, man kann das gar nicht realistisch einschätzen. Klaus ruft vom Schlafzimmer her: „Was ist denn?"

Ganz belanglos, ich weiß das noch ganz genau, so ganz belanglos habe ich gesagt: „Es brennt."

Und er fragt nach: „Ja arg?"

Und ich sage: „Alles!"

Martina ist den Tränen nahe, als sie weitererzählt:

„Ich stehe da und denke: „Der liegt im Bett und fragt mich so was! Wie kann er mich so was fragen? Die ganze Hütte brennt!" Dann sagt er im Bett: „Die Kinder!"

Um Gottes Willen! Ich stehe hier herum und glotze zum Fenster hinaus und die Kinder liegen im Bett!

Er hat sich dann, das muss man sich mal überlegen, komplett angezogen! Hemd zugeknöpft, Schuhe zugemacht und sogar mit Pullunder stand er da."

Sie kann sich trotz allem ein Schmunzeln nicht verkneifen.

„In solchen Situationen macht man irrsinnige Sachen. Er hat sich komplett angezogen und ich habe nur einen Jogginganzug angezogen, pinkfarben. Den habe ich heute noch, aber ich habe ihn nie wieder angezogen, weil er mich daran erinnert.

Nach dem Anziehen meinte ich, wir müssen die Feuerwehr alarmieren und fragte ihn, ob er die Nummer wüsste. Er sagt: „Ne, ich weiß die Nummer nicht." Ich wusste sie auch nicht und wir haben im Telefonbuch nachgeschaut. Ich habe gesucht und sie nicht gefunden, er hat gesucht, er hat sie auch nicht gefunden. Dann habe ich gesagt: Jetzt ruf ich den Hardy an. Das ist der beste Kollege von Klaus, der ist ja in der Feuerwehr und er soll die Feuerwehr alarmieren."

Martinas Stimme wird immer brüchiger, sie ist tief bewegt und kann das Weinen nicht mehr aufhalten. Schluchzend ruft sie:

„Da waren die Telefonleitungen schon tot!"

Als sie sich wieder gefasst hat stöhnt sie: *„Jedenfalls hab ich gesagt: „Jetzt müssen wir raus!"*

Wir haben sie dann nicht alarmiert. In dem Moment hören wir es von außen an der Tür schlagen. Drüben im Haus der Schwiegereltern haben sie es auch schon bemerkt und der Schwiegervater hat versucht, unsere Wohnungstür einzuschlagen. Ich habe ihnen aufgeschlossen und er ist mit einem Kurgast hereingekommen. Wir haben ihm ein Kind in die Hand gedrückt, dem Kurgast ein Kind, Klaus hat ein Kind genommen. Zu mir hat er gesagt: „Nimm einen Korb und pack die wichtigsten Ordner ein!"

In der Küche hatte ich noch einen Korb mit Kinderwäsche, da hinein habe ich die Ordner geworfen und gedacht: „Katharina braucht das Fläschchen um fünf oder sechs Uhr morgens! Der ist das egal, ob wir jetzt brennen oder nicht. Die Fläschchen! Die Fläschchen sind das Allerwichtigste!"

Ich habe die Schoppen noch eingepackt und dann sind wir raus. Als wir hinaus gingen war die Wohnung noch nicht verraucht und wir dachten: „Jetzt können wir noch fleißig ausräumen. Wir geben die Kinder rüber ins Haus der Schwiegereltern und räumen alles aus.“

Aber als wir zurück kamen, Klaus hat noch das Vieh aus dem Stall getrieben, da ist schon das Feuer über das Vordach herunter gefallen. Ich bin noch mal zurück ins Büro und dachte: „Da sind auch noch Ordner, die hole ich!“ Das Büro hatten wir im Heizraum und der hat ja feuersichere Metalltüren. Als ich hinein ging, da war es noch ganz gut mit dem ganzen Rauch und so. Im Büro überlegte ich noch, was alles wichtig ist, was ich alles mitnehmen muss. Ich habe mir ein paar Ordner geschnappt und als ich die Brandtür wieder aufmache, war alles voller Rauch. Ich kannte ja den Weg nach draußen und habe die Augen zugedrückt, aufgehört zu atmen, die Luft angehalten und habe mich an der Wand entlang hinaus getastet. Der Schwiegervater stand schon draußen schrie: „Martina! Martina!“

Weil er wusste, dass ich noch drin bin und er überall nur noch Rauch gesehen hat. Das geht, ich weiß es nicht, aber ich schätze mal, eine Minute von Nichtrauch bis Vollrauch!

Ich war jedenfalls nicht lange im Büro und bin dann hinaus und es ist nichts passiert. Aber wir haben dann gesagt: „Keiner darf mehr hinein! Es geht nicht!“

Es wäre auch nicht mehr gegangen.

Ja, das war der Brand.“

Sie denkt kurz nach und erzählt dann weiter:

„Nach dem Brand hielten mir die Schwiegereltern vor, ich würde nicht richtig wirtschaften. Ich hatte ja die kleine Gaststätte geleitet und habe das Geld selbst verwaltet. Aber wir haben erst im Sommer 91, zum ersten Juli, übernommen und im März 92 sind wir abgebrannt. In diesen acht Monaten

musste ich investieren, weil die Vorhänge und das Geschirr, weil alles ziemlich schlimm ausgesehen hat. Zum Schluss hin haben die Schwiegereltern nicht mehr investiert, das ist ja logisch, das ist auch normal und okay. Jedenfalls war ich auf dem Girokonto im Minus und dann sind wir abgebrannt.

Ich war im Minus und habe das erzählt und sie haben mir Vorwürfe gemacht, dass ich nicht wirtschaften kann und es sei meine Schuld, dass wir jetzt kein Geld hatten, um das Minus auszugleichen.

Ab diesem Vorwurf habe ich dann beschlossen, dass ich sie nicht mehr brauche, dass ich auf ihre Hilfe nicht mehr angewiesen war. Die Wirtschaft war ja weg. Ich habe beschlossen, dass ich mich nicht mehr um sie bemühe. Sie können machen, was sie wollen, aber ich mag sie nicht mehr. Sie sind für mich keine ehrenwerten Leute mehr.

Ich bin ihnen rigoros aus dem Weg gegangen und habe jedes Familienfest boykottiert. Ich ging einfach nicht mehr hin. Ich habe den Klaus hingeschickt und auch die Kinder, weil ich nicht will, dass man die Kinder gegen die Großeltern aufhetzt, aber ich bin nicht mehr hin. Ich konnte mich dem nicht länger aussetzen, ich schaffte es nicht mehr.

Ein paar Monate nach dem Brand bin ich mit den Kindern in Kur gegangen. Das hat mir wahnsinnig gut getan, weil da konnte ich einmal vier Wochen lang einfach nur denken. Die Jahre zuvor konnte ich nicht mehr nachdenken, ich hatte ja nicht einmal mehr die Zeit zum Denken.

Und da hatte ich die Zeit zum Denken, zum Überlegen, um alles aufzuarbeiten. Da habe ich endgültig beschlossen, dass ich nichts mehr für meine Schwiegereltern tun werde. Irgendwie wird es schon gehen.

Als ich wieder zurückkam, habe ich sie zwar gegrüßt, aber alles andere wirklich nur auf das Allernotwendigste beschränkt. Und mit einem Mal...“

Martina holt tief Luft: *„Also das vergesse ich nie wieder!*

In der Zeit, in der das Haus noch nicht wieder aufgebaut war, haben wir neben den Schwiegereltern gewohnt. Eines Tages kommt die Schwiegermutter mit einem Stück Kuchen und fragt mich, ob ich auch Kuchen will. Ihnen sei es zu viel. Durch die Situation zuvor war ich fassungslos über solche Nettigkeiten. Ich war einfach fassungslos über solche Nettigkeiten.

Ich war fassungslos, dass sie zu mir gekommen ist und mir ein Stück angeboten hat. Ich habe überhaupt nicht kapiert, warum, ich war so perplex und sagte nur: „Ja, ich esse auch gerne Kuchen."

In der Woche darauf habe ich gemerkt, sie will versuchen, sich zu bemühen. Das hat mich total erstaunt. In mir ist die Erkenntnis gereift, dass es wohl erst so weit kommen musste, bis sie merkten, dass ich sie schon fast hasste. Aber ich tat es still für mich, ohne jemanden aufzuhetzen oder es irgendjemandem zu erzählen. Scheinbar haben sie diese Reaktionen doch wohl etwas mitgenommen, diese totale Absonderung meinerseits. Es muss doch ziemlich etwas ausgemacht haben, dass sie von mir nichts zu wissen bekamen. Auf jeden Fall wurde es dann besser!

Seither gibt es immer wieder Kämpfe. Ich kämpfe inzwischen auch ein wenig, aber meist ist es mir einfach zu dumm, viel zu anstrengend. Die Schwiegermutter würgt mir immer noch vieles unterschwellig rein, so ganz unauffällig.

Sie ist ja, zum Beispiel, dick und ich bin ..."

Nach einer kurzen Unterbrechung fährt sie fort:

„Gut, jetzt ist das o.k., aber nach dem Brand war ich total mager. Irgendwann hat sie so ganz beiläufig gesagt: „Wer so mager ist, der hat gar keine Nerven, für nichts." Natürlich so laut, dass ich das hören konnte. Die Dicken sind natürlich viel gemütlicher, wie auch immer! Diese Art des Denkens regt

mich heute noch immer auf! Manchmal sage ich etwas dagegen, aber meist ist es mir einfach zu blöd.

Aber ich möchte es einmal so sagen: Es ist nicht mehr so, wie es früher, vor dem Brand, gewesen ist. Dann wäre ich wohl auch irgendwann gegangen. Das hab ich auch dem Klaus gesagt. Das kann man nicht jahrelang ertragen.

Als es mir nach der Kur und nach meiner Erkenntnis wieder besser ging, hätte ich gerne noch ein viertes Kind bekommen. Eigentlich wollten wir immer vier, aber nachdem das Dritte eben auch dieses Sodbrennen hatte und ich eigentlich auch nicht mehr konnte, beschlossen wir, es beim Dritten zu belassen.

Nach dem Brand haben wir es uns noch einmal überlegt. Ohne die Gaststätte dabei haben wir es noch einmal gewagt, das vierte Kind, das wir immer noch haben wollten.

Wir bekamen dann einen Jungen, und der war ein Jahr alt, als wir wieder mit der Gastronomie anfingen. Das Gute am Aufbau war, dass nur wir bestimmten, wie was gebaut wird, nur Klaus und ich. Sie hielten sich auch relativ gut heraus, das muss man ganz ehrlich sagen. Manchmal fällt es ihnen schwer, meine Entscheidungen, die ich treffe, zu respektieren oder zu befolgen, gerade dem Schwiegervater.

Aber ich sage mal so: Damit die Gäste es nicht merken, versuchen sie doch, so gut sie können, das zu machen, was ich in der Wirtschaft eigentlich gerne hätte.“

Martina macht eine Pause, denkt nach:

„Privat ..., ja, da hat mich auch so eine Sache wahnsinnig aufgeregt: Als wir in das neue Haus eingezogen sind, haben wir eine Klingel bekommen. Vorher hatten wir keine. Ich habe zur Schwiegermutter und ihrem Bruder gesagt, sie sollen bitte klingeln, wir haben ja jetzt eine Klingel. Sie sollen klingeln, wenn sie die Wohnung betreten wollen, weil ich mir das für die Privatsphäre wünsche. Da sind die beiden völlig ausge-

flippt und haben gesagt, wenn sie dieses Haus nur mit klingeln betreten dürfen, dann betreten sie es gar nicht mehr. Entweder sie müssen nicht klingeln, sie kommen rein, oder sie kommen nie mehr rein.

Da wusste ich auch nicht mehr, was ich damit machen sollte. Ich akzeptiere es jetzt eben, dass sie mit einem Mal in der Wohnung stehen. Es ist auch schon vorgekommen, dass ich nackt aus der Dusche gekommen bin. Die Türen stehen bei uns meist offen wegen der vier Kinder. Der Schwiegervater wollte gerade was, und da habe ich gedacht: „Dir ist es peinlicher als mir." Aber trotzdem klingeln sie immer noch nicht, weil sie nicht über ihren Schatten springen können."

Ohne Unterbrechung schliesst sie die nächste Episode an:

„Was kürzlich auch noch war: Der Schwiegervater hat mir noch nie zum Geburtstag gratuliert. Damals, zur Hochzeit schon, aber noch nie zum Geburtstag. Er kann sich da nicht überwinden. Ich habe immer gedacht, das macht man nicht, das gehört sich doch so. Ich zeige ihm, dass man sich da nichts abbricht, wenn man das macht. Ich habe ihm immer gratuliert. Dieses Jahr ist er siebzig geworden.

Ich habe ihm einfach nicht gratuliert, weil ich gedacht habe: „Nein, ich gratuliere ihm jedes Jahr und er verweigert mir jedes Jahr die Ehre und jetzt mag ich auch nicht mehr." Ich habe es bemerkt, dass es ihn ganz arg getroffen hat. Trotzdem wird er es wohl nicht schaffen, mir dieses Jahr zu gratulieren.

Das sind solche Sachen, die sind nicht wichtig und eigentlich doch wichtig."

Nach einer kurzen Pause meint sie:

„Das größte Problem, das ich jetzt gerade habe ist, dass die vier Kinder alle in der Schule sind. Das empfinde ich als sehr anstrengend, weil die Klassen brechend voll sind und weil es keinen Menschen interessiert, wie es einem Kind geht.

Das interessiert wirklich keinen, denn die Lehrer sind mit diesen großen Klassen völlig an der Grenze der Belastbarkeit angekommen. Die Individualität der Kinder geht total unter. Das muss ich immer auffangen und das finde ich brutal. Wenn ein Lehrer nicht gemocht wird, muss ich es auffangen, wenn die Kinder klagen oder wenn sie Hilfe brauchen. Hilfe gibt es heut auch nicht mehr. Wenn man dem Kind nicht hilft, dann hat es einfach Pech gehabt. Ich denke, manche Kinder brauchen eben eine Erklärung mehr. Dem Dominik machen die großen Klassen zu schaffen, da versuche ich immer auszugleichen und das alles ein bisschen humaner zu gestalten. Ich meine, die Schule von heute ist ab der fünften Klasse eine Friss-oder-Stirb-Schule. Entweder sie kommen mit oder sie müssen eben runter. Es wird einfach nur durchgezogen, das stört mich wahnsinnig.

Mit dem jüngsten Sohn weiß ich noch gar nicht, was werden soll. Er wurde als hochbegabt getestet. Er war immer sehr fordernd und wir dachten immer, das vierte Kind ist so ehrgeizig, weil es immer sieht, was die Großen dürfen und das auch immer will. Deshalb ist es uns gar nicht so aufgefallen. Er hat mit Ende Vier das Lesen erzwungen, er hat so lange nach den Buchstaben gefragt, wie sie heißen, bis er es konnte.

Mich hat das eigentlich genervt, weil ich damals der Katharina helfen wollte. Sie ging in die erste Klasse und sollte lesen lernen. Und da war dann noch ein Vierjähriges, das auch Lesen lernen wollte. Er hat es sich aber erzwungen, er hat es sich mit Geschrei und mit Toben und zehnmal Kommen, was das für ein Buchstabe ist, erzwungen. Er ist extrem ehrgeizig.

Wir ließen ihn testen, ob er nicht sogar krankhaft ehrgeizig ist, weil er schon vorzeitig in die Schule gekommen ist. Wir haben dafür gekämpft, dass er mit fünf in die Schule durfte, weil er es im Kindergarten nicht mehr ausgehalten hat. Er kam also vorzeitig in die Schule und hat aber schon in der ersten

Klasse nur gejammert wie langweilig das ist. Irgendwann dachten wir dann: „Gut, wir lassen ihn testen, ob er nicht krankhaft ehrgeizig ist."

Hochbegabung war für uns bis dahin eigentlich gar kein Begriff und der Test ergab eben, dass er hochbegabt ist. Das ist jetzt auch ein bisschen anstrengend, weil die gesagt haben, dass wir ihn mit Stoff füttern müssen, wenn er das will. Das darf ich jetzt auch noch machen, das ist ja klar.

Ich kann nicht zum Lehrer sagen, sie müssen meinem Sohn Extrawürste braten. Zusammen mit einer Psychologin haben wir aber beschlossen, dass er die Klasse zwei überspringt und dadurch in der dritten Klasse so gefordert wird, dass er nicht mehr depressiv wird. Im Kindergarten wurde er am Schluss depressiv und wir glaubten, dass wir etwas falsch gemacht haben. Man gibt sich ja immer selbst die Schuld.

Aber anscheinend ist das typisch für Hochbegabte, die nicht als solche erkannt werden. Sie werden depressiv, weil sie verkümmern, geistig verkümmern. Für die Zweitjüngste war das ein großes Problem, weil sie damals auch in die dritte Klasse kam, aber gut..." seufzt sie.

„Wir haben ihn jetzt in eine andere Schule als die Zweitjüngste gegeben, und hoffen, dass es jetzt gut geht. Ich denke, das ist eigentlich das Wichtigste im Moment."

Sie denkt kurz nach und rundet ihre Geschichte dann ab:

„Heute dachte ich daran, die Wirtschaft zuzumachen – Betriebsferien. Ich mache das recht gerne in der Gastronomie, aber noch lieber wäre ich eigentlich nur Bäuerin. Aber da mache ich gar nicht mehr viel. Das geht gar nicht mehr.

Aber es ist ein ganz harter Job, ein brutal harter Job. Dann denke ich immer, dass ich das nicht länger als bis fünfzig machen kann. Das geht nicht, das halte ich nicht aus und ich glaube, ich will auch nicht. Ich denke, die Gäste merken das auch, wenn man irgendwann einfach keine Lust mehr hat.

Jetzt meine ich, ich muss immer Leistung bringen und voll ran, weil die Kinder kosten unglaublich viel Geld. Ich muss immer sehen, dass wir genug Geld verdienen, damit ich für sie sorgen kann. Das ist alles ein wenig schwierig."

Lachend endet sie:

„*Ja, ich denke, das wars!*"

Neues Entdecken der Zweisamkeit

Patrizia

ist 50 Jahre alt, verheiratet, hat vier Kinder, zwei davon unter achtzehn Jahren. Fünf Personen leben in ihrem Haushalt. Sie hat die Realschule besucht, ist gelernte Industriekauffrau. Sie arbeitet derzeit als Sekretärin und engagiert sich in mehreren Ehrenämtern.

„Ich bin die Patrizia Weber, geborene Krause. Ich bin die älteste Tochter; mein Vater hat spät geheiratet, erst nach der Kriegszeit, und hat dazwischen noch eine Existenz als Schreiner aufgebaut. Er hat sich ein Haus gekauft, eine Werkstatt gebaut, und meine Eltern haben in den ersten Jahren eher ärmlich gelebt.

Mein Name, das war so ein Traumname von meiner Mutter, das hat sie oft erzählt. Patrizia: Den Namen findet sie einfach sehr schön und den hat sie auch immer ganz besonders ausgesprochen. So klangvoll, fand ich einfach.

Nach eineinhalb Jahren kam dann mein Bruder zur Welt und dann noch einer. Ich hatte zwei Brüder und dann nach zwölf Jahren bekam ich noch meine Schwester. Ich bin in ganz ländlicher Umgebung aufgewachsen, in Merdingen. Meine Eltern hatten auch noch ein Feld und einen Garten, und auch die Großeltern hatten Landwirtschaft und da durfte ich helfen. Bei der Heuernte, beim Erdbeeren pflücken und auch mal Kühe versorgen und so weiter.

Da habe ich wirklich sehr, sehr schöne Erlebnisse gehabt. Mit meinen Cousins auf dem Heuwagen, oder dann Kühe eintreiben, das war manchmal sehr abenteuerlich. Ich habe mich da sehr wohl gefühlt.

Bei uns in der Familie war so eine strikte Rollentrennung. Mein Vater war einfach für die Arbeit da, für den Broterwerb der Familie zuständig. Er hat sehr viel gearbeitet."

Lächelnd fügt sie hinzu:

„Wir Kinder hatten das Verbot, dass wir nicht in die Werkstatt durften. Ich kann mich noch erinnern, dass der eine Geselle, der zuerst gelernt hat, dass der zu uns Kindern immer so nett war. Der andere Geselle war eher stur und hat nicht viel mit uns geredet, wenn er zur Arbeit gekommen ist.

Es war also verboten, in die Werkstatt zu gehen. Aber meine Brüder haben sich nicht so sehr an das Verbot gehalten. Dann ist auch mal was passiert, ich hätte mir fast ein Ohr an einem Holzstapel abgekratzt. Aber ich habe mich eigentlich schon sehr daran gehalten."

Nach kurzem Nachdenken erzählt Patrizia mit etwas wackeliger Stimme:

„Was bei uns ein bisschen schwierig war: Am Sonntag und am Wochenende war mein Vater immer ziemlich geschafft, aber wir Kinder wollten gerne Ausflüge machen. Oft haben wir darum gebettelt, dass meine Eltern mit uns wegfahren, und dann war oft die Ausrede: „Das Auto ist noch voll mit Werkzeug." Manchmal haben wir Kinder das übernommen und haben das Werkzeug aus dem Auto geräumt. Manchmal gab es

dann auch einen Ausflug. Aber ansonsten sind wir sehr im Haus und ums Haus herum aufgewachsen mit wenig großen Besonderheiten."

Sie nimmt einen Schluck Tee.

„Ich bin zur Schule gegangen in Merdingen und Ihringen. Grund- und Hauptschule habe ich da gemacht. Ich habe eigentlich sehr gern gelernt, aber es war einfach zu kompliziert, um auf die weiterführende Schule zu gehen. Es gab keine gute Verbindung nach Breisach oder Bad Krozingen und deshalb wurde das außer Acht gelassen. Ich habe es später schon auch bedauert."

Nach einer Pause spricht sie weiter:

„Als ich mit der Hauptschule fertig war, habe ich mich für die Wirtschaftsschule in Freiburg entschieden, dort die Mittlere Reife zu machen. Da bin ich sehr aufgeblüht, es hat mir einfach großen Spaß gemacht, zu lernen. Ich habe da auch viel Anerkennung bekommen, anders als in der Dorfschule. Ich fand das Lernen richtig bereichernd, habe es dann aber trotzdem vorgezogen, eine Lehre zu machen und nicht weiter auf die Schule zu gehen. Mich hat auch das Geld gelockt.

Ich habe bei der Firma KLB Industriekauffrau gelernt, das fand ich auch eine ganz schöne Zeit. Die Arbeit hat mir gefallen, und auch die Gemeinschaft mit den Kollegen und den Lehrlingen. Wir haben da auch viel unternommen, da gab es Betriebsveranstaltungen, es gab Ausflüge, es gab Betriebssport, es gab Kegeln am Abend und da ich dann bald ein eigenes Auto hatte, war ich auch recht flexibel."

Patrizia macht wieder eine Pause und beginnt dann einen neuen Abschnitt der Erzählung:

„Und dann, mit 18, habe ich mich sehr verliebt und fand, das war noch mal eine ganz neue Seite des Lebens. Diese Freundschaftsbeziehung ist bald, nach einem guten halben Jahr wieder in die Brüche gegangen, und das war der erste

große, tiefe Schmerz in meinem Leben, an dem ich auch noch eine ziemliche Zeit lang gekaut habe.“
Sie denkt kurz nach.

„In dieser Phase habe ich dann auch meinen Mann kennen gelernt. Ich kannte ihn schon von der Schule her so ein klein wenig, aber ich hab ihn da nochmal neu entdeckt und seine nette Art einfach nochmal auf eine ganz andere Weise schätzen gelernt. Also, ich nahm ihn wahr als einen ganz Verständnisvollen, Lieben, Guten.

Wir haben dann 1980 geheiratet und uns danach entschieden, einen Bauplatz zu kaufen in Bad Krozingen und ein Haus zu bauen, was hauptsächlich sein großer Wunsch war.“
Wieder eine Pause.

„Beruflich hab ich inzwischen bei der Kirche als Sekretärin und Buchhalterin gearbeitet, das fand ich für mich auch persönlich eine sehr gute Zeit. Persönlich und glaubensmäßig hab' ich da einfach viel erlebt, viele gute beeindruckende Menschen kennen gelernt, und das Klima und das Umfeld dort hat mich geprägt. Das war auch die Zeit, in der ich zu einer tieferen, lebendigeren Glaubensbeziehung gefunden habe.“

Nach einer Weile meint sie: *„Dann wurde ich schwanger, und die Schwangerschaft war ziemlich problembeladen. Ich musste viel liegen, auch in der Klinik. Ich bekam Infusionen und hatte auch viele Ängste um das Kind, dass es irgend einen Schaden von den vielen Medikamenten hat.“*

Nach längerem Nachdenken setzt sie fort:

„Das war eine Zeit in unserer Beziehung, in der jeder eher so seine Richtung ging. Mein Mann hat sich ziemlich im Bau des neuen Hauses, unseres Hauses, verwirklicht und ich war manchmal schon auch alleine ...

...mit meinem Kummer.“

Als sie weiterspricht wird ihre Stimme wieder lebhafter. *„Ja, dann kam die Sandra zur Welt, als Frühgeburt. Das war für mich* *auch sehr schmerzlich, weil ich sie sechs Wochen lang gar nicht sehen konnte, weil ich von der Liegerei so schwach war und sie zu klein. Sie musste in die Kinderklinik, in den Brutkasten. Als sie dann nach Hause durfte, war ich sehr glücklich und erleichtert. Damals haben wir noch bei meinen Eltern gewohnt, in einer Dachgeschosswohnung. Das war schon sehr gut, aber mir haben in dieser Phase auch der Kollegenkreis und das Umfeld der Arbeit gefehlt."*

Den folgenden Abschnitt erzählt Patrizia wieder zusammenhängender:

„Dann sind wir eingezogen in unser Haus. Das fand ich einfach sehr schön. Wir haben einen großen Garten und für uns und für das Kind war das schön, sich zu bewegen und viel draußen zu sein. Gut drei Jahre später haben wir dann den Marco bekommen.

Das war ein sehr anstrengendes Kind, der hat mich voll herausgefordert, weil er sehr unzufrieden war als kleines Baby. Nach weiteren drei Jahren kam dann der Tobias zur Welt und mir ging es sehr gut in dieser Zeit. Ich war erfüllt vom Mutter sein und vom Ehefrau sein und habe eine Berufstätigkeit gar nicht erst in Erwägung gezogen."

Sie gießt sich Tee nach, nimmt einen Schluck und erzählt dann weiter: *„Als alle dann in der Schule waren, kam für mich nochmal die Frage auf: Was mache ich jetzt? Orientiere ich mich noch einmal beruflich?*

Davor war ich schon im Pfarrgemeinderat sehr engagiert, der für mich sowas wie ein neuer Schwerpunkt geworden ist. Da gab es viele Felder: Familie, Gottesdienstkreis und auch Nachbarschaftshilfe, also Betreuen und Besuchen von älteren Menschen. Das fand ich schon sehr erfüllend."

Sie denkt kurz nach und sagt:

„Dann wurde meine Schwiegermutter krank, sie hatte einen Schlaganfall. Wir haben uns dann entschieden, sie bei

uns aufzunehmen. Meine Schwiegermutter war pflegebedürftig und das war manchmal sehr schwierig, weil sie oft auch verwirrt war und Ängste hatte. Manchmal konnte sie auch Tag und Nacht und die Zeit nicht so richtig unterscheiden, aber ich finde, wir haben das recht gut gemeistert, auch mit Unterstützung von meinen Verwandten.

Für uns hat das auch bedeutet, dass wir zu zweit dann solche bewussten Zeiten hatten, dass manchmal ein Wochenende frei war für meinen Mann und mich. Dann war jemand da und hat auch den Kinderdienst übernommen. So hatte das auch eine positive Seite: Neues Entdecken der Zweisamkeit.

Als meine Schwiegermutter dann starb, war das für uns als Familie eine sehr bedeutende Erfahrung. Sie war doch manchmal sehr dominant oder auch vergrämt und verbittert. Mit zu erleben und zu sehen, wie sie gestorben ist, das war für uns alle eine gute Erfahrung.

Sie denkt kurz nach und spricht dann weiter:

„Nach einem halben Jahr konnte ich das einfach erkennen, dass jetzt wieder neuer Raum da war: Ich hatte Energie und wollte nochmal etwas Neues angehen. Ich habe mich dann entschlossen, mich nochmal beruflich zu orientieren und mich dann für eine Weiterbildung angemeldet. Ich fand das sehr spannend, dieses neue Gebiet Marktforschung, von dem ich bisher noch gar nichts gehört hatte. Marktforschung, Werbung, ich fand es recht bereichernd.

Dann kam ein großer Schock, das war die Krankheit von meinem Mann.“

Nach einer längeren Pause meint sie:

„Das war nicht einfach, es ist nicht einfach, bis heute. Abzuwägen, was vom normalen Leben weitergehen soll. Wo braucht er mich, wo kann ich, muss ich, will ich Zeit frei machen für ihn, für uns? Das ist gerade eine sehr aktuelle Frage. Wie geht es weiter?

Die Angst vor dem nächsten Befund auszuhalten; ich fühle mich da manchmal wie gelähmt.

Ja, da stehe ich und finde es manchmal schwierig. Das wars im Wesentlichen."

Alle Generationen reden rein

Karin

ist verheiratet, hat zwei erwachsene Kinder. Sie lebt in einer Wohngemeinschaft mit drei Generationen, ihr Haushalt umfasst sechs Personen. Sie hat die Realschule abgeschlossen, ihr erlernter Beruf ist der Mittlere Dienst bei der Post. Im Erwerb ist sie als Bäuerin tätig.

Also ich bin die Karin. Ich bin im Sommer 1964 geboren in einem Ort am Rande des Hegaus. Ich wurde in eine richtige Bauernfamilie mit drei Generationen am Hof hinein geboren und bin die Älteste von fünf Geschwistern. Also wir waren eine richtige Großfamilie: Bei uns waren Oma und Opa da, Papa und Mama, von der Oma noch zwei Schwestern, die bei uns im Hof gewohnt haben und von meinem Vater waren auch zwei Geschwister zu Hause. Ich bin praktisch als Hahn im Korb mitten hinein geboren und dem entsprechend wahrscheinlich verwöhnt worden, nehme ich mal an.

Auf jeden Fall habe ich an meine frühe Kindheit nur gute Erinnerungen. Ich hab zwar schon gleich kennen gelernt, dass man als Bauer immer viel arbeiten muss, und dass man nicht so viel Zeit hat. Aber die Zeit, die die Eltern nicht für mich hatten, die hatten meine Verwandten. Ich habe ja genug Tanten und Omas und sonst was gehabt, die sich um mich gekümmert haben und mich auch viel miterzogen haben.

Zwischen mir und meiner nächsten Schwester ist ein ziemlich großer Altersunterschied von fünf Jahren. Wir waren zuerst lange ein Dreimädelhaus, die beiden Brüder sind erst später geboren. So nannte man uns dort immer nur das Dreimädelhaus. Das war schon schlimm, weil ja lange der Bauer gefehlt hat, der das in Zukunft machen soll. Zum Glück ist es aber so gekommen, dass die zwei Brüder dazu kamen, und dann war eigentlich alles ganz toll.

Am Anfang haben wir mitten im Ort gewohnt. Als ich fünf Jahre alt war, sind wir ausgesiedelt, ein ganzes Stück vom Ort weg, aber so, dass man das Dorf noch sehen konnte. Zu Beginn war das für mich recht schlimm, ich war da irgendwie weg von allem. Früher waren wir mitten drin und plötzlich waren wir einfach weg. Das hat sich dann später bemerkbar gemacht, als ich in die Schule gekommen bin. Die Freundinnen waren alle im Ort, und ich war irgendwie weit weg. Deswegen konnte ich auch nicht überall mitmischen, weil ich ...

Na ja, alle hatten Angst um mich und ständig habe ich gehört: „Geh nicht dahin, mach nicht das, mach nicht jenes!"

Später, als ich größer war, hieß es dann auch noch: „Hilf hier, mach jenes, das und das und dort und dort..." So bin ich eben mehr oder weniger nur in die Schule gegangen. Zwar habe ich auch Schulfreundinnen gehabt, aber nie so richtig das Cliquenwesen, das andere so hatten. Ein bisschen außen vor war ich schon, aber ich hatte das unverschämte Glück, dass die eine Tante, die früher im Ort bei uns gewohnt hat, eine Wohnung fand, die direkt neben der Schule lag. Bei der haben wir Kinder alle nach der Schule mittag gegessen, unsere Hausaufgaben gemacht und sind dann mit unserem Bündel nach Hause gelaufen, dass wir mittags, nachmittags und abend daheim im Stall helfen konnten, oder auf dem Feld, oder was auch immer gerade zu machen war. Am Wochenende waren wir natürlich auch daheim.

Die Tante war ein richtiges Goldstück, weil bei ihr wurden wir verpflegt und versorgt. Da hatten wir unsere Ruhe, sie hat sich drum gekümmert, dass wir lernen konnten und sie hat uns auch ein bisschen die schönen Dinge des Lebens gezeigt und nahe gebracht. Ja, Sachen, für die die Eltern in ihrer Arbeit einfach nicht so viel Zeit hatten.

Eben diese Tante hat mich schon früh auch zur Musik hin gebracht. Ich habe dann gleich im Schülerchor gesungen, später dann im Gesangverein. Das ist mein Hobby, da bin ich auch heute noch dabei und das möchte ich eigentlich auch nicht lassen, denn irgend ein Hobby muss der Mensch ja haben!

Dadurch, dass meine Eltern eben Landwirte waren, gab es das bei uns auch nicht, dass wir einmal in Urlaub gefahren sind oder solche Dinge. Es war halt ...“

Karin seufzt und spricht dann weiter:

„Man konnte irgendwann beim Onkel oder bei der Tante für ein paar Tage in die Ferien gehen, aber so richtig fort fahren, das hat es bei uns einfach nicht gegeben. Ich war da schon nicht unbedingt neidisch, aber so ein bisschen habe ich die anderen schon beneidet, wenn die erzählt haben, wo sie überall in den Ferien waren. Wenn sie mich dann gefragt haben, wo ich war, dann hab ich gesagt: „Ja, wir haben Heu gemacht, wir haben Ernte gehabt und dies und jenes.“ Dann hieß es immer: „Ach, du Arme! Ein Glück, dass ich kein Bauer bin!“

Ich war eben in meinem Jahrgang auch das einzige Bauernkind im Klassenverband und eigentlich wollte ich nie

Bäuerin werden. Ich habe immer gedacht: „Ach, ich möchte auch was anderes werden!“

Es war eigentlich nie mein Ding. Ich habe zwar die Tiere geliebt und alles, was dazugehört, aber dass niemals Feierabend ist und niemals Ferien sind, das wollte ich eigentlich nicht. Na ja, so ist es eben dann doch gekommen ...“ Meint sie mit leisem Lachen.

„Ach ja, was ich noch sagen wollte: in der Schule hatte ich einen Lehrer, der mich sehr gefördert hat und eigentlich haben alle gedacht, dass ich irgendwann das Abitur mache. Aber als ich dann fertig war, also nach der Realschule, da hat es sich ergeben, dass ich eine Lehrstelle bei der Post bekam. Da konnte ich zuerst noch recht heimatnah meine Ausbildung machen, nur mit verschiedenen Lehrgängen in Singen und Konstanz, und das ging dann noch. Aber nach der Ausbildung hätte ich nach Freiburg oder Offenburg oder sonst wo hin müssen, das war von vorn herein klar.

Dann ist aber ..., na ja, die Liebe vom Himmel gefallen, wenn man so sagen will! Ja, beim Dreschen habe ich meinen Mann kennen gelernt. Der ist natürlich Landwirt und weil ich eigentlich aus der Sache komme und es dann doch nicht so schlimm fand, bin ich eben Bäuerin geworden.

Wir haben zwei Kinder, einen Sohn und eine Tochter, die sind inzwischen 21 und 19, also schon recht groß. Ich war sehr jung Mutter, mit 18.

So bin ich eben Bäuerin geworden und ich habe es jetzt auch nicht viel anders als daheim. Mit Ferien ist groß nichts drin. Mal einen oder zwei Tage irgendwo hin zu fahren, das hatten wir eigentlich nur für kurze Zeit. Das ist also alles nicht so gelaufen, wie ich es eigentlich für mich geplant habe, aber dadurch, dass ich aus dem Metier komme und es eigentlich gar nicht so ungern mache, würde ich sagen: „Ja, man kann es trotzdem aushalten.“ Das ist jetzt so!

Wir hatten einen Mischbetrieb mit allem drum und dran und haben uns dann vor 13 Jahren ganz auf Milchvieh spezialisiert. Und wer Milchvieh hat, der muss eben zweimal am Tag da sein, rund um die Uhr, das ganze Jahr. Und so bin ich hier hängen geblieben.

Was noch passiert, wenn man Bäuerin ist: Es reden alle Generationen rein, das war bei uns zu Hause schon so, und so ist das natürlich auch bei uns hier. Ja, man muss manchmal schon gute Nerven haben! Ich muss aber auch sagen, dass meine Schwiegereltern beide noch feste mitarbeiten.

Sie haben uns immer geholfen und dann muss man auch verschiedenes in Kauf nehmen, das ist einfach so. Ich kann nämlich nicht irgendwem sagen: „So lange du was für mich tust, kannst du dableiben." Und wenn er mich nervt, dann soll er gehen. Es ist nicht so, dass es ein ständiges Geben und Nehmen ist. Manchmal krachts und manchmal sind wir uns gut. Aber im Großen und Ganzen muss man sehen wie man sich durchschlängelt.

Die Kinder sind jetzt mehr oder weniger aus dem Haus. Der Sohn hat Landwirtschaft gelernt und ich hätte es gerne gehabt, dass er bleibt und den Betrieb übernimmt. Aber im Moment ist er sehr schwankend: Es könnte durchaus sein, dass ..."

Sie räuspert sich kurz, erzählt aber dann sofort weiter.

„... er vielleicht doch etwas anderes macht. Das ist zwar recht traurig für uns, auf der anderen Seite können wir aber auch ihn verstehen, weil er eben auch sieht, was andere können. Die dürfen Geld haben und verdienen, vor allem mit weniger Stunden. Deshalb muss man abwarten, was aus der ganzen Sache wird. Vielleicht kommt er ja auch wieder.

Meine Tochter wohnt zwar noch hier, sie hat jetzt aber auch schon ihren Job. Um die mache ich mir weniger Sorgen, die wird schon irgendwie durch kommen!

Ach ja, jetzt fällt mir noch etwas ein: Eine Episode, weil wir gerade von Schule gesprochen haben. Ich war ja das einzige Bauernkind in der Klasse. Aber da gab es noch einen, dessen Vater auch Landwirt war. Aber nur Nebenerwerbslandwirt. Einmal wurden wir in der Schule nach dem Beruf des Vaters gefragt. Ich sagte: „Bauer." Als er dann dran kam, hat er sich lange überlegt was er sagen soll.

„Hey, du bist doch auch ein Bauernsohn!" ist es mir rausgeplatzt. Da hat er sich vollkommen entrüstet und gesagt: „Nein, nein, mein Vater arbeitet, mein Vater arbeitet!"

Ich war eigentlich immer ein bisschen die Außenseiterin für die anderen. Und auch heute noch ist es manchmal für mich etwas schwierig, weil man sich als Landwirt immer erklären und rechtfertigen muss. Warum man dies tut, warum man es nicht lässt. Warum man Spritzmittel benutzt und warum man nicht nur zehn Kühe, sondern fünfzig im Stall hat... Jeder schwärmt nur vom Landleben, von der Idylle. Wenn unsereins etwas erklären will, dann schütteln sie nur den Kopf und sagen: „Das ist doch nur noch Fabrik!"

Das sind Sachen, die mir etwas zu schaffen machen. Als Landwirt muss man sich rechtfertigen gegenüber Leuten, von denen manche in einer erstaunlichen Unkenntnis leben. Also, das ist kein Spaß! Aber so ist nun mal die Welt, da wird viel verbreitet. Man muss sich eben durchkämpfen!"

Mit einem Seufzen fügt sie an:

„Ansonsten ... was soll ich jetzt noch sagen? Mir fällt im Moment auch nicht so viel ein.

Ansonsten führe ich ein ganz normales Leben. Ich bin das Mädchen für alles. Ja, und wenn ich Zeit habe, ist Musik mein Hobby. Ansonsten bin auch gern mal faul und ...

Wie soll ich sagen? Ich komm zwar nicht viel herum und weiter weg, aber ich erlese mir sehr vieles. Wenn mich etwas interessiert, dann hake ich nach und dann muss ich manch-

mal staunen, wenn mir Leute erzählen, dass sie da und dort in Urlaub waren. Wenn ich dann frage: „Habt ihr dies oder jenes gesehen?" dann sagen sie: „Nein, wieso? Gibt's das da?" Und ich denke: „Mein Gott, das kann ja wohl nicht sein!" Ich bin nicht viel herum gekommen, aber ich bin besser informiert als andere Leute! Ansonsten, meine Situation momentan ..."
Sie gibt sich selbst das Stichwort.

„Das Zusammenleben mit anderen Generationen gestaltet sich etwas schwierig, ich stehe mitten drin. Die Kinder wollen raus und die Schwiegereltern sind enttäuscht, dass sie nicht bleiben. Da muss ich eben immer wieder vermitteln und gucken und tun und machen. Irgendwie reibe ich mich im Moment ein wenig zwischen den Fronten auf. Ich hoffe, dass sich das wieder bessert. Man kann nichts erzwingen, man kann nur hoffen und gute Worte geben. So ist es jetzt geworden."
Sie unterbricht sich, denkt länger nach:

„Was mich von früher her noch immer sehr ärgert: Wenn wir Kinder mit der Oma unterwegs waren und jemand sagte: „Ach Gott, da kommt die Oma mit dem Dreimädelhaus!", dann kam immer wieder der Satz, wie aus der Pistole geschossen: „Ach ja, wenn wir nur einen Buben hätten!"

Ich habe ja jetzt einen Sohn und der könnte Bauer sein. Trotzdem geht er, wenn es ihm gefällt. Ich fand es immer so total fies, dass Mädels nicht so viel gelten sollen wie Jungs. Das war für mich das dicke Ding! Immer wieder sagte ich mir: „Denen will ich's zeigen! Ich kann auch was!"

Als ich dann etwas älter war, habe ich begonnen, einen Traktor zu fahren. Es war ja kein Bruder da, der mir das hätte streitig machen können. Ich war in der ganzen Sache gar nicht so schlecht. Überhaupt haben wir Mädels versucht, so lange die Jungs noch nicht da waren und sie noch klein waren, dem Vater und der Oma den Buben so weit zu ersetzen, wie dies möglich war!"

Und schnell fügt sie noch hinzu:

„Jetzt ist mein Bruder da, der den Betrieb übernommen hat und jetzt ist alles gut!

Es hat mich immer sehr gestört, dass man als Mädel einfach nicht so viel ... wie soll ich sagen? ... wert sein sollte. Deshalb habe ich versucht, irgendwo einen Ausgleich zu schaffen, die mangelnde Anerkennung zu kompensieren und mich auf anderem Gebiet etwas zu profilieren. In der Schule, im Verein oder sonst irgendwie.

Das macht mir etwas zu schaffen. Früher, daheim, war man das Mädle und jetzt ist man die 'ein geschneite Schwiegertochter. Da muss man sich ständig beweisen, zeigen, dass man jemand ist und was kann. Jeder hat eben seine eigene Vorstellung vom Ideal und man kann nicht immer dem Ideal entsprechen. Deshalb gibt man sich Mühe. Manchmal ist man auch frustriert, aber irgendwie geht es doch immer weiter."

Nach einer weiteren langen Pause des Nachdenkens meint sie:

„Irgendwelche große Einschnitte oder Erlebnisse habe ich nicht gehabt. Es ist mehr oder minder nahtlos von daheim vom Bauernhof als Bäuerin auf einem Bauernhof weiter gegangen. Meine Lehre bei der Post war mehr so eine Episode. Ich wäre zwar gerne weiter arbeiten gegangen, aber es hat sich eben so ergeben. Wenn man auf einem Hof ist, der im Aufbau begriffen ist, da wird schon jede Hand gebraucht, da kann man nicht irgendwie weg gehen und sagen: „Ich gehe jetzt arbeiten!" Zumal, wenn noch kleine Kinder da sind.

Ich war immer dabei, wenn es draußen etwas zu tun gab. Die Kinder waren bei der Oma. Hier ist es praktisch so weiter gelaufen, wie ich es von daheim gewohnt war. Die Oma ist die Hausfrau und ich bin die Draußfrau, wenn man das so salopp sagen will. Dadurch essen wir werktags alle zusammen an einem Tisch. Es kocht, wer gerade Zeit hat und die anderen essen alle zusammen, also nicht die Schwiegereltern getrennt oder so. Sonstige Unternehmungen macht man mehr oder weniger gemeinsam. Wenn die Oma und der Opa Besuch bekommen, haben wir den Besuch automatisch auch und umgekehrt ist es meistens auch so. Die Familienbande bedeuten bei uns viel, schon meine Eltern haben mich so erzogen: Die Familie hält zusammen und wenn einer irgendwie im Dreck steckt, dann helfen alle. Und das klappt!"

Sie beginnt zu weinen:

„Aber manchmal ist die Familie auch eine Last. Manchmal möchte man gerne mal etwas tun, was man selbst will, aber die Erziehung verhindert das. Da ist immer das schlechte Gewissen, dass irgend jemand anderes jetzt deine Arbeit mitmachen muss, dass irgend jemand anders das machen muss, wenn du weg bist. Und das würde ich gern. Aber ich kann nicht so egoistisch von der Familie verlangen, dass sie für mich da ist und verzichte auf vieles, was ich gerne täte."

Schluchzend fügt sie hinzu:

Wenn es nur mal ein freier Tag wäre, aber eigentlich klemmt es immer. Weil der Betrieb ist der Betrieb, ist der Betrieb."

Sie schnäuzt sich und fährt dann nach einer weiteren Pause fort:

„Vor drei Jahren haben wir das Haus aufgestockt und haben seitdem mehr oder weniger eigene, getrennte Wohnungen. Aber es gibt noch immer eingeschliffene Rituale. Oft sitzt man noch unten beieinander, bevor man sich trennt. Und an Tagen, an denen man nicht so gut drauf ist, kann man sich aus dem Weg gehen. Das ist eigentlich jetzt besser als früher."

Zum Schluss meint sie lachend:

„Ach Gott, bei mir ist alles so normal, dass mir gar nichts mehr einfällt!"

LANZ
BC
M 693

4. Hilfen zur Bewältigung – Was ist hilfreich im Umgang mit mir selbst?

4.1 Was heißt „Bewältigung"?

Als „Bewältigung" bezeichnen Sozialwissenschaftler/-innen, wenn Krisen, Lebensübergänge und Probleme verarbeitet sind, wenn die Gegebenheiten nach Phasen der Ablehnung, der Wut und der Trauer schließlich akzeptiert werden. Es besteht ein enger Zusammenhang zwischen der Bewältigung von Problemen und der Erfahrung von Sinn, indem die Betroffenen durch den Umgang mit ihren Problemen ein Stück weit die eigenen Lebensbedingungen bestimmen. Sinn entsteht durch die Erfahrung von innerem Wachstum und der Aneignung neuer Kompetenzen. Dieser Vorgang, brachliegende Fähigkeiten für die selbstbestimmte Lösung von Problemen anzuregen, wird in der Psychologie auch umschrieben mit dem Begriff „Empowerment" oder „Ermächtigung". Zu Formen der Bewältigung zählen Strategien, wie sie in den folgenden Kapiteln aufgeführt werden.

Die Methoden der Biographieforschung eignen sich, um Fragen der Bewältigung zu klären. Bei der Auswertung einer Erzählung wird gefragt, wie Probleme gelöst und wie Veränderungen bewältigt werden. Dies sind Fragen nach der jeweiligen Kommunikation. So gibt eine biographische Erzählung Hinweise auf Kräfte, die aus einer Beziehung erwachsen. Zur Entwicklung eigener Kräfte ist es notwendig, einen geachteten und angemessenen Platz in einer Gruppe zu finden und Wertschätzung als Person zu erfahren. Das Erzählen der eigenen

Lebensgeschichte stellt bereits eine eigene Form der Bewältigung dar. Es dient dazu, sich seiner selbst bewusst zu werden und sein bisheriges Leben zu überdenken.

4.2 Krisen als Chancen

Alle Frauen, die im Forschungsprojekt ihre Lebensgeschichte erzählt haben, haben Krisen erlebt. Sie haben erzählt, welche Übergänge, Einschnitte, Probleme, Konflikte und Verletzungen sie im Laufe ihres Lebens zu bewältigen hatten. Sie mussten Einschnitte wie den Tod von nahen Angehörigen verarbeiten, sie erlebten Konflikte im Zusammenleben mit den Schwiegereltern. Sie pflegten Angehörige über Jahre hinweg. Sie erzählten von außergewöhnlichen Erfahrungen von Leid, sie erlebten, wie der Hof abbrannte. Sie wurden als Mädchen missbraucht.

Krisen sind Zeiten, die das ganze bisherige Leben durcheinanderwirbeln. So verschieden wie diese Frauen, so unterschiedlich sind die Wege, die sie gewählt haben, um die Krisen ihres Lebens zu bewältigen.

Wenn das Leben stark von eingeschliffenen Gewohnheiten bestimmt wird, besteht die Gefahr, dass anstehende Veränderungen nicht rechtzeitig wahrgenommen oder zugelassen werden. Oft kommt dann eine Krise. Typische Aussagen, die auf eine Krise schließen lassen, sind: *„Es hat sich zugespitzt“*, *„So geht es nicht weiter“*, *„Ich weiß nicht mehr ein noch aus“*.

Eine Krise ist wie eine Geburtssituation. Etwas Neues soll kommen. Eine Krise bietet die Chance, sich neu auf das Leben einzustellen. Welche Probleme hinter einer Krise stecken, wird häufig erst in einem Gespräch mit anderen klar. Die persönliche Situation wahrzunehmen, ist der erste Schritt heraus aus einer Krise. Wir treten einen Schritt zurück und betrachten das Ganze. Verleugnung und Abwehr eines Problems scheinen im ersten

Moment schmerzfreier, führen aber letztlich dazu, eine Situation zu verhärten. Dazu gehört auch die Betäubung durch Suchtmittel. Sie ist zwar gängige Methode in einer Krise, verhindert aber, dass wir hinsehen und unsere Situation klar erkennen können. Ebenfalls in eine Sackgasse führt Selbstbeschuldigung, Selbstbeschämung und Schuldzuweisung an andere. In dieser Fixierung zu verharren, raubt die Energie, die notwendig ist, um tatsächlich Wege heraus aus der Krise zu finden.

Ein Beispiel für lösungsorientiertes Verhalten gibt Franziska. Sie erkennt, dass nur sie selbst Verantwortung für ihr Leben übernehmen kann. Sie lernt, Probleme immer wieder mit Abstand zu betrachten und nach neuen Lösungen zu suchen: *„Ich habe schon früher gerne alles auf die anderen geschoben. Ihr seid schuld, du bist schuld, du bist schuld. Jetzt sehe ich: Ich bin verantwortlich für mein Leben, ich muss etwas daraus machen. Ich kann es jetzt auf niemand anderes mehr schieben. Wenn ich mal wieder ein Tief habe, muss ich einfach darauf achten, wo ich stehe und was da gerade passiert. Woher könnte es kommen oder was kann ich dagegen tun? Ich merke, durch diese Beschäftigung mit mir selbst bekomme ich auch mehr Zugang zu meinem Mann. Und vor allem sehe ich das an meinen Kindern."*

Die Krise ist ein Durchgang. Sie ist bei allem Schmerz immer auch eine Chance, durch den Druck der Situation kreativ zu werden, uns besser kennen zu lernen und uns weiter zu entwickeln. Dies beschreibt auch Ingrid: *„Nein, der Weg und die Entwicklung gehen von hier aus weiter! Wir Menschen entwickeln uns weiter, keinen Schritt zurück."*

Wenn wir eine Krise als Chance zu persönlichem Wachstum begreifen, erleben wir die Veränderung, die in einer Krise passiert nicht mehr als die Katastrophe, als die sie im ersten Blick erscheint, sondern als Erweiterung der Möglichkeiten, im Leben zu bestehen.

4.3 Positive Lebenshaltung

Entscheiden „das Schicksal", kosmische Kräfte, andere Menschen oder eine gewisse gesellschaftliche Rolle über einen glücklichen Verlauf des eigenen Lebens? Durch solch eine Sichtweise geben wir äußeren Einflüssen eine große Macht, so, als seien wir allem nur hilflos ausgeliefert, was uns begegnet. Sicher gibt es Unabänderliches, Ereignisse oder Nicht-Ereignisse, die wir nicht verändern können, aber wie wir diesen Ereignissen begegnen, das haben wir selbst in der Hand. Das aktive, bewusste Loslassen von Erwartungen und Träumen, Lebensplänen und starren Zukunftshoffnungen unterscheidet sich sehr von einem passiven und resignativen Hinnehmen. Im ersten Fall entsteht ein aktiver Prozess der Veränderung, eingeleitet von Gefühlen des Verlustes, der Rebellion und Wut, der Trauer und schließlich der Akzeptanz und Gelassenheit. Im zweiten Fall gibt es einen Täter und ein Opfer. Das Verharren in der Rolle des Opfers bedeutet, die Verantwortung über das eigene Leben abzugeben, in der Fixierung auf das vermeintliche Schicksal zu verhaften, ohne es zu gestalten.

Ob wir durch so genannte Schicksalsschläge unglücklich werden, liegt nicht zwangsläufig in der Natur der Sache, sondern oft an unserer Einstellung dazu. Geben wir unserem Leben eine negative Bedeutung, dann können wir nur neidisch auf andere blicken, die das vermeintlich bessere Los gezogen haben. Entscheiden wir uns dafür, unser Leben positiv zu deuten, haben wir das Potenzial, glücklich zu werden.

Lieselotte macht in ihrer Erzählung diese Einstellung deutlich, wenn sie von sich sagt: *„Ich bin ein Sonntagskind"*.

Auch die Erzählung Rosemaries ist ein Beispiel für das Bemühen um eine positive Lebenseinstellung. Sie pflegt nacheinander die Schwiegereltern und bis heute die behinderte Tante ihres Mannes. Sie ist bereit, auch dem Schweren einen

Sinn zu geben. Ihr einziger Kommentar, als sie erkennt, dass sie die Tante einmal pflegen wird, ist: *„Und ich habe gleich gewusst, das wird einmal meine Aufgabe"*.

4.4 Fähigkeiten statt Defizite sehen

Die Ergebnisse der Biographieforschung zeigen, dass es unterschiedliche Möglichkeiten gibt, Situationen zu bewältigen – mal mehr durch die Suche nach sozialer Unterstützung, mal mehr durch die Besinnung auf die eigenen Kräfte. Wenn die Frauen gelernt haben, in den konkreten Krisensituationen ihre Fähigkeiten einzusetzen und neue dazu lernen, wenn sie gelernt haben, sich kritisch mit ihrer Umwelt auseinander zu setzen und unter Umständen eigene Wege zu gehen, gelingt es ihnen, sie zu bewältigen. Starren sie auf die eigenen Defizite und Probleme und bleiben sie darin verhaftet, dann gelangen sie in eine Sackgasse. Entscheidende Voraussetzung, dass es ihnen gelingt, ist also die eigene Haltung „Probleme lösen statt Probleme haben".

Auch hier gilt wieder: von einer positiven Haltung zu sich selbst und zu den eigenen Fähigkeiten hängt es ab, ob wir uns als Subjekte unseres Lebens erleben und die Dinge in die Hand nehmen oder ob wir uns als Opfer der Verhältnisse sehen.

4.5 Anerkennen, was ist

Es gibt immer einen Grund dafür, dass wir handeln, wie wir handeln. Diese Aussage soll nicht als Entschuldigung für ein Versagen oder für einen Fehler dienen. Es ist nötig, ein Fehlverhalten selbstkritisch zu betrachten, aber wir können uns erst wirklich verändern, wenn wir den Grund und unsere Absicht dafür sehen und anerkennen – wenn wir uns anerkennen, wie wir sind und wie wir geworden sind.

Jeder Mensch ist von Klein auf angewiesen auf Liebe und Anerkennung. Die Sehnsucht danach ist der stärkste Motor für unser Verhalten und Handeln, und wir tun alles dafür, sie zu erhalten. Je nachdem, welche Möglichkeiten uns von unserer Familie und von anderen wichtigen Systemen gegeben werden, richten wir unser Verhalten aus. Wurde die elterliche Liebe an bestimmte Bedingungen geknüpft, dann werden wir uns nach diesen Bedingungen ausrichten, um Liebe und Anerkennung zu gewinnen. Unser Selbstwert wird sich dann ebenfalls an Bedingungen knüpfen. Wir erleben uns in einem solchen System als wertvoll, wenn wir leisten, gehorsam sind oder nie im Vordergrund stehen. Wurde uns die Liebe unserer Eltern aber aus freien Stücken gegeben, nur um unser selbst willen, dann können wir viel eher einen Selbstwert entwickeln, der unabhängig ist von Verknüpfungen an Leistung, Wohlverhalten, Unauffälligkeit, usw. Oft waren die Bedingungen aber nun nicht so, wie wir sie gebraucht hätten, um uns frei zu fühlen und im Einklang mit uns selbst zu handeln. Wir hadern vielleicht mit diesen Bedingungen, die uns Entwicklungs- und Entfaltungschancen verwehrt haben. Wir haben auch hier die Wahl, für welche innere Einstellung wir uns entscheiden. Im Rückblick auf die Vergangenheit können wir uns verstricken in Hader und Zorn und darin stecken bleiben, oder wir akzeptieren auch hier, wie unser Leben geworden ist. An den Bedingungen, die unser Leben geformt haben, können wir nachträglich nichts mehr ändern, aber unsere Gegenwart und Zukunft gestalten wir mit!

Anerkennen was ist, das bedeutet Versöhnung mit unseren Bedingungen, mit den Menschen, die uns nach ihren Möglichkeiten geformt haben – das heißt Versöhnung mit unseren verpassten Chancen. Die Versöhnung mit der Vergangenheit kann den Boden bereiten für eine offenere, friedvollere Gegenwart.

4.6 Selbstständigkeit und Flexibilität

Es ist wohl die größte Herausforderung der Erziehung, einem Kind durch vorbehaltlose Liebe zu helfen, dass es eine selbstständige Persönlichkeit wird. Das Kind muss erleben, dass die Eltern ihm vertrauen, ohne es wiederum zu überfordern. Es sollte lernen können, an wichtigen Prozessen teil zu haben, die es selbst betreffen. Es sollte selbst entscheiden, was es tun kann oder was es lernen möchte. Das Kind braucht dazu die Unterstützung der Erwachsenen, die stärkende Hand im Rücken und fortwährende Ermutigung. Die vorrangige Entwicklungsaufgabe, wie sie sich aus den Lebensgeschichten ergibt, besteht im Beziehungslernen. Das bedeutet, sich voll in eine Situation einbringen zu können, sich selbst sein zu können ohne Angst vor Bewertungen. In den Erzählungen ist Selbstständigkeit vorherrschendes Thema, sie zu erreichen ist der Antrieb für Entwicklungen.

Monika wird durch die Förderung ihrer Tante als Kind zur Selbstständigkeit ermutigt: „*Und da bin ich mit der Tante gegangen. Aber sie hat auch schwer darauf geachtet, dass man sich selbst zu helfen weiß. Also, sie hat nichts geplant oder großartig organisiert, sondern man musste da schauen, wo man ist und wie man zurechtkommt und man musste sich selbstständig verhalten. Ich denke, dass ich das von ihr gelernt habe, das ist mir im Leben zugute gekommen. Dass du gleich gelernt hast, das, was du machst, abzuschätzen, ob es ein Vorteil oder ein Nachteil ist und dass du auch Entscheidungen triffst. Es wurde einem nicht einfach abgenommen, sondern du musstest es einfach selbst machen, überlegen, ob du das machst oder nicht. Das habe ich als positiv empfunden.*"

Können wir uns selbst positiv sehen, sind wir auch in geringerem Maß abhängig von fremder Wertschätzung, die wir andernfalls brauchen, um unser Bild von uns fortwährend zu bestätigen. Diese innere Freiheit ermöglicht uns Selbstständigkeit im Denken und Handeln. Nachdenken und Reflektieren sind weitere Merkmale von Selbstständigkeit. Dadurch unterscheidet sie sich von festgelegtem Rollenverhalten. Selbstständigkeit können wir durch die Ablösung von Strukturen fördern, wenn diese einengen oder in einer Weise festlegen, die dem eigenen Wesen nicht entsprechen. In vielen Lebenserzählungen kommt dies zum Ausdruck, ist zum Beispiel die Ablösung vom Elternhaus verbunden mit der räumlichen Trennung ein wichtiger Schritt in die innere Unabhängigkeit.

Die Lebenserzählung von Sabine verdeutlicht diesen Prozess der Ablösung, der manchmal auch dann erst möglich ist, wenn eine selbstgestellte Aufgabe bewältigt wurde: *„Meine Mutter war dann ihre Depressionen los, aber ich hatte sie stückweise immer noch. Ich musste auch sehr viel an mir und an allem arbeiten. Es war gut, dass diese räumliche Trennung von meiner Mutter stattgefunden hat. Im Grunde brauchte sie mich ja nicht mehr und für mich war es gut, dass ich mich aus den Fängen der Familie gelöst habe."*

Selbstständigkeit und Ablösung sind Themen unserer Zeit, die große Herausforderungen mit sich bringen. Der eigene Weg ist nicht mehr traditionell durch die Übernahme bestimmter Rollen vorgegeben. Deutlich wird das in der Geschichte von Ingrid und ihrer Beziehung zu ihrem Mann. *„Vor sechs Jahren war das so schlimm, ich konnte es einfach nicht ertragen, dass mein Mann mich nicht meinen Weg hat gehen lassen. Es kam dann immer die Streiterei über die Kinder, weil die Kinder nicht gehorcht haben und ich auch nicht".*

Nachdem Ingrid die Kinder zur Welt gebracht hat und erfolgreich ihren Weg als Landwirtin geht, entdeckt sie neue Möglichkeiten und weicht von typischen Rollenmustern ab. Ihre Ehe ist schwierig, weil ihr Mann sich nicht in gleichem Maße von alten Mustern befreit und sie deshalb keinen gemeinsamen

Weg mehr finden. Wenn es keine überlieferten Rollenmuster mehr gibt, in die wir uns einfügen wollen oder können, ist Vertrauen in uns selbst und in die anderen, die in unserem Leben wichtig sind, umso notwendiger. Dieses Vertrauen und die Kommunikation darüber können helfen, uns immer wieder neu zu verständigen, ob unser Weg auch noch der Weg des anderen ist und ob es weiterhin gemeinsame Ziele gibt.

Flexibilität ist die Fähigkeit, sich immer wieder und im richtigen Maß auf neue Situationen einzustellen. Sie ist ein weiteres Merkmal von Selbstständigkeit. Diese Fähigkeit ist heute mehr denn je gefordert, wo überlieferte Rollenmuster zunehmend weniger eine Rolle spielen.

Flexibilität wird in den Lebenserzählungen unterschiedlich ausgedrückt. Am deutlichsten zeigt sie sich als Toleranz gegenüber den Kindern. Es wird akzeptiert, dass heute die Dinge anders zu betrachten sind wie in der eigenen Kindheit.

Flexibilität, Hartnäckigkeit und Durchhaltevermögen sind auch entscheidende Merkmale hinsichtlich der Suche nach Bildung der am Projekt beteiligten Frauen. Die Ergebnisse des Forschungsprojekts spiegeln geringe Bildungschancen der Frauen im ländlichen Raum. Wenn sie nicht den Bildungsweg gehen konnten, den sie sich wünschten, wurden sie in ihrer Selbstfindung benachteiligt.

Ein Teil der Erzählerinnen berichtet von Schwierigkeiten auf ihrem Bildungsweg, zum Beispiel dass sie nicht die höhere Schule besuchen konnten, wie sie es sich gewünscht hatten. Sie wurden als Mädchen gegenüber ihren Brüdern benachteiligt, die Abitur machten und studierten. Frauen mit landwirtschaftlicher Herkunft gehen auch wieder in die Landwirtschaft, früher häufig ohne weitere Ausbildung oder Lehre auf dem elterlichen Hof.

Diese Frauen haben auf ihre Weise versucht, trotzdem ihren Bildungshunger zu stillen, wie z.B. das Engagement der Biographinnen im Forschungsprojekt zeigt. Sie legen aus diesem Grund auch großen Wert auf Erziehung und Bildung ihrer Kinder.

Die Suche verdeutlicht, dass auch auf dem Land Flexibilität und Wechsel zu Merkmalen heutiger Identität gehören. In der Suche nach Bildung kommt der Wunsch nach Selbstbestimmung und eigener Gestaltung des Lebens deutlich zum Ausdruck. In fast allen Lebenserzählungen ist Selbstbestimmung und eigene Lebensgestaltung zentrales Thema.

5. Was ist hilfreich im Umgang mit anderen?

Gelingendes Leben entsteht durch vertrauensvolle Beziehungen. Diese leben vom freien, offenen Austausch ohne Angst vor Bewertungen. Die Zuwendung zum anderen Menschen ist dazu die Voraussetzung, es zählt nur sein Menschsein, nicht seine Leistung.

Beziehungskultur kann im engeren Kreis der Familie, in der Nachbarschaft, in Freundschaften und in der kirchlichen und zivilen Gemeinde entwickelt werden. Sie umfasst gemeinsame Lebensgestaltung, gegenseitige Hilfe, das Feiern von Festen.

Solidarität ist Teil einer Beziehungskultur, die in Familien häufig positiv beschrieben wird. Solidarität unter Frauen dagegen kann als entwicklungsbedürftig gesehen werden.

Gegenseitiger Respekt und Anerkennung des Lebens und der Motive der anderen sind die Grundlage, auf der Solidarität möglich ist. Sie ist umso nötiger in einer Welt, in der Traditionsgefüge auseinander fallen, Rollen neu definiert werden und die Vereinzelung von Menschen zunimmt.

Ein Beispiel für spontane Solidarität schildert Ingrid: *„Nur trauen sich die Frauen nicht, einander beizustehen. Im Gemeinderat erlebe ich das auch oft. Wir haben da eine junge Frau, die oft bekämpft wurde. Da habe ich öffentlich vor 30 Männern gesagt: ‚Keinen Ton mehr! Sandra, lass dich von diesen Männern nicht ins Bockshorn jagen!'“*

5.1 Anerkennung des anderen

Fast durch alle Lebensgeschichten zieht sich wie ein roter Faden der Wunsch nach Anerkennung. Manche Frauen erzählen direkt von ihrem Ringen um Anerkennung, aber in den meisten Erzählungen wird Anerkennung nicht genannt, sie findet keinen Ausdruck.

„Nichts gesagt ist genug gelobt" ist ein gängiges Sprichwort in Baden-Württemberg. Es drückt diese Einstellung aus, nicht zu viel Aufhebens um die eigene oder die andere Person zu machen. Dabei steht außer Frage, dass Wertschätzung und Anerkennung eine unabdingbare Grundlage für Identität und Lebenssinn jedes Menschen bildet. Anerkennung des anderen ist eine wichtige Voraussetzung, um mit gesellschaftlichem Wandel auf gelingende Weise umgehen zu können. Sinn- und Wertebildung im Alltag wird durch das Aussprechen von Anerkennung gefördert. Anerkennung entsteht im Alltag durch emotionale Zuwendung, Zutrauen, Hilfe, Unterstützung, durch Lob und Belohnung.

Anerkennung kann auf vielerlei Weise ausgedrückt werden, aber sie muss erlebbar und erfahrbar gemacht werden, damit sie ihre beziehungsstiftende und heilsame Wirkung entfalten kann.

In der Lebenserzählung Monikas wird das deutlich: *„So bekommt sie (die Schwiegermutter) auch ihre Streicheleinheiten, weil sie ja für alle kocht. So hat sich das Verhältnis wirklich entspannt. Das war aber auch wirklich ein guter Tipp von dem Arzt, dass man die Schwiegereltern dann eben mit einer verantwortungsvollen Aufgabe einbindet."*

5.2 Vertrauen

Um leben zu können, brauchen wir andere Menschen, wir brauchen Beziehungen, die uns tragen, egal, was passiert. Nur Vertrauen ermöglicht Nähe zum anderen. Vertrauen entsteht in einem zwischenmenschlichen Prozess. Es ist die Grundlage von Beziehung und Solidarität. Vertrauen ist letztlich Voraussetzung, um unser Dasein zu bewältigen. Vor allem das Aussprechen von Erwartungen und ihre Klärung helfen, Vertrauen wachsen zu lassen. Für den Alltag bedeutet dies, sich immer wieder zu verständigen und nicht stillschweigend vorauszusetzen, dass ich von anderen ohne Worte verstanden werde. Jeder Streit verdeutlicht, dass die Verständigung über den Umgang nicht geklappt hat und neu entwickelt werden muss, oder dass das gegenseitige Vertrauen in Frage steht und neu gebildet werden muss. Kinder lernen durch das alltägliche Beziehungsgeschehen, durch Gespräche über ihre Erlebnisse, das Aushandeln von Regeln und durch den liebevollen Umgang, Bindungen aufzubauen. Vertrauen entsteht, wenn das Kind in alle es selbst betreffenden Dinge umfassend einbezogen wird und Verlässlichkeit erfährt.

Vertrauen entsteht beim Erzählen durch die Qualität des Zuhörens. Es ist von entscheidender Bedeutung für die Vertrautheit eines Gesprächs, ob die Zuhörerin innerlich mitempfindet bei dem, was die Erzählerin bewegt und zum Ausdruck bringt, oder ob sie nur einfach anwesend ist. Wenn wir uns auf die andere Person einlassen, ihr den Respekt entgegen bringen, dass sie anders sein darf als wir, dann lassen wir sie als Subjekt gelten.

5.3 Umgang mit Nähe und Distanz

In der Bewältigung von Krisen und Problemen spielt es nicht nur eine entscheidende Rolle, wie wir mit uns selbst umgehen, sondern wie wir im Kontakt und in der Begegnung mit anderen Menschen empfinden und handeln. Es ist entscheidend, ob wir in der Lage sind, unsere Beziehungen so zu gestalten, dass sie uns Energie und Lebensfreude geben und diese nicht im Gegenteil blockieren oder nehmen. Entscheidend ist daher unser Umgang mit Nähe und Distanz. In den Lebensgeschichten ist dies ein Hauptthema, es wird besonders deutlich im Umgang der Generationen miteinander. Die Kernfrage heißt, wozu wir Ja oder Nein sagen, wo unsere eigenen Bereiche sind und wo wir unsere Grenzen setzen, die wir respektiert wissen wollen. Ob es gelingt oder nicht, eine befriedigende Balance zwischen Nähe und Distanz zu erreichen, hängt von uns selber ab. Entscheidend ist, ob wir uns erlauben oder verbieten, Nähe und Distanz in unseren Beziehungen selbst zu bestimmen. Der Weg dahin kann manchmal lange dauern. Nähe und Distanz lässt sich nie ein für alle Mal festlegen, wir müssen uns dazu immer wieder neu verhalten.

Sehr drastisch schildert Martina, wie sie ihr Verhalten den Schwiegereltern gegenüber nach jahrelanger Abwertung endlich ändert. Als sie keine Kraft mehr hat, kann sie sich endlich selbst die Erlaubnis geben, sich unabhängig zu machen und in eine Distanz zu gehen, die letztlich das ganze Familiensystem positiv verändert: *„Ab diesem Vorwurf habe ich dann beschlossen, dass ich sie nicht mehr brauche, dass ich auf ihre Hilfe nicht mehr angewiesen war. Ich habe beschlossen, dass ich mich nicht mehr um sie bemühe.*

Als ich dann wieder zurückkam, habe ich sie zwar gegrüßt, aber alles andere wirklich nur auf das Allernotwendigste beschränkt. Und mit einem Mal...“

Die Entscheidung zu diesem Schritt musste Martina bewusst treffen, sie hat dadurch eine neue Dynamik in die Beziehung zu den Schwiegereltern gebracht und diesen die Möglichkeit gegeben, sich ebenfalls neu zu verhalten. Dieses Beispiel will nicht zeigen, dass es grundsätzlich richtig ist, in einem Konflikt die Distanz zu wählen, aber es zeigt, dass es notwendig ist, sich mit Selbstachtung zu begegnen und sich treu zu sein.

5.4 Klärung von Erwartungen

Andere Menschen erwarten etwas von uns und auch wir haben Erwartungen an andere. Diese Erwartungen kommen von unterschiedlicher Seite: vom Arbeitgeber oder dem eigenen Betrieb, der Familie, dem Partner, oft von den eigenen Eltern oder Schwiegereltern, von der Gemeinde.

Ehe, Familie, Arbeit und Betrieb, kirchliche und zivile Gemeinde bilden eigene Systeme, die durch ihre Beziehungen, Funktionen, Aufgaben und Rollen unterschiedlich definiert sind. Somit müssen auch in jedem System Erwartungen, Funktionen und Rollen auf eigene Weise geklärt werden.

Ehesysteme werden durch partnerschaftliche Beziehungen und ihre emotionalen Qualitäten gebildet. Sie entfalten sich durch gegenseitige Liebe. Gegenseitiges Vertrauen auf der Basis von Selbstständigkeit bildet die Grundlage der Beziehung. Auf dieser Grundlage können die Aufgaben der Ehe angegangen werden, z.B. personales Wachstum, gegenseitiges Gewähren von Sicherheit und Versorgung, Aufgabenteilung und Entlastung, gemeinsame Gestaltung von Beziehungen und Lebenswelt, Erziehung von Kindern, Versorgung der älteren Generation.

Die Entwicklungsaufgaben des Familiensystems sind, neben der Organisation des Familienalltags, die Förderung aller Familienmitglieder in ihrer Selbstständigkeit und in ihren Fähigkeiten. Die heutige Familie kann nicht auf vorgegebene Verbindlichkeiten zurückgreifen. Eine neue Ethik des Alltagslebens muss von jeder Familie entwickelt und fortgeschrieben werden.

Aus ihr ergeben sich selbstbestimmte Formen der Verbindlichkeit und Hilfen.

Arbeit- und Betriebssysteme haben die Funktion, die Produktion zu gewährleisten und weiter zu entwickeln. Ihre Beziehungen werden in besonderem Maß durch ihre Aufgaben, Sachentscheidungen und Arbeitsabläufe bestimmt. Gemeinschaftssysteme haben integrative Funktionen. Rollen und Erwartungen richten sich auf gemeinsame Interessen, auf Unterstützung, Solidarität und Sinngebung.

An Ehe, Familie, Betrieb und Gemeinde sind unterschiedliche Erwartungen gerichtet. Wie die Biographieforschung gezeigt hat, ist es in Familien mit einem Betrieb besonders schwierig, die unterschiedlichen Rollen auseinander zu halten. Werden diese Erwartungen vermischt, entstehen Konflikte. Wenn die gegenseitigen Erwartungen nicht ausgesprochen werden und die Betroffenen nicht aushandeln, wer was zu tun hat, entstehen Unklarheiten und Kompetenzprobleme. Die Selbstständigkeit der Beteiligten wird dann in Frage gestellt. Eine Klärung der Aufgaben und der damit verbundenen Rollen ist für die Systeme hilfreich, um Spielräume und Grenzen der Belastbarkeit zu erkennen. Wie gut diese Klärung von Aufgaben gelingen kann, beschreibt Martha in ihrer Lebenserzählung: *„Wir haben es dann so gelöst, dass sie im Stall ist und ich im Haus bei den Kindern bin. Beim ersten Kind waren wir mit Babyfon zu zweit im Stall und mussten dann immer wieder ins Haus rennen. Wir haben gesehen, das hat keinen Wert. Also bin ich drinnen geblieben und sie melkt. Ich frühstücke dann mit den Kindern, bringe den Großen in den Kindergarten und mittags koche ich dann. (...) Jetzt ist die junge Frau durch unsere Regelung beweglicher und kann vieles morgens erledigen. Wir machen das schon so seit fünf Jahren und es klappt."*

5.5 Gefühle äußern

Ingrid beschreibt, wie sie erst spät im Leben mit einer Freundin über ihre Gefühle sprechen konnte, sich aber nach wie vor ihrem Mann nicht anvertrauen kann: *„Mit der konnte ich über alles reden. Manchmal denke ich nämlich, ich muss zwei Leben leben: Eines, das ich in Gedanken lebe und eines, das ich lebe so als Mensch, weil, wenn ich mein Innerstes meinem Mann offenbare, dann kriege ich das immer so negativ auf's Brot geschmiert. Deswegen konnte ich ihm niemals offen gegenübertreten"*.

Generell werden Gefühle in den Erzählungen selten ausgesprochen. Die Frauen erzählen meist sachlich, orientiert an den Stationen ihres Weges und an den Entwicklungsaufgaben, die sie zu bewältigen hatten. In diesem Schweigen über Gefühle liegt ein großer Entwicklungsbedarf. Wenn in Beziehungen kaum über Gefühle gesprochen wird, entstehen Missverständnisse und Konflikte. In unserem Beispiel behält die Frau ihre Empfindungen für sich, weil ihr Mann sie abwertet und verachtet, wenn sie diese äußert. Aus Selbstschutz sagt sie daher nichts mehr und geht in die Verweigerung. Sie könnte etwas für ihre eigene Selbstachtung tun und die Beziehung klären, wenn sie ihm sagen würde, wie verletzend sie seine negativen Äußerungen empfindet und wie sein Verhalten sie dazu bringt, zu verstummen. Vielleicht ist ihrem Mann der Mechanismus der Abwertung gar nicht bewusst und er würde ihn ändern. Das Beispiel zeigt, dass eine Haltung der Wertschätzung die Basis für eine gelingende, vertrauensvolle Beziehung ist. Die Äußerung von Gefühlen kann eine Beziehung klären und erhält die eigene Selbstachtung und damit seelische Gesundheit.

5.6 Über den Alltag sprechen

In den Lebenserzählungen dieses Buches wird kaum über den Alltag gesprochen. Er wird als selbstverständlich wahrgenommen, darüber muss man nicht sprechen. Nicht die Begegnung und die Erlebnisse des Tages stehen im Vordergrund, sondern die Leistung. Viele Frauen erleben eine Diktatur der Zeit.

Die meiste Zeit unseres Lebens ist jedoch Alltag und es liegt an uns selbst, ob wir den Tag gestalten oder ihn erleiden und ertragen, ob die Zeit uns bestimmt oder ob wir sie bestimmen. Das tägliche Gespräch über den Alltag fördert die Fähigkeit, den Alltag sinnvoll zu gestalten. Durch die Reflexion dessen, was ich erlebe, werde ich Subjekt, mache ich mich zur Handelnden meines Geschehens. Im Erzählen betrachten wir das eigene Handeln, es kann uns helfen, neue Möglichkeiten der Lebensgestaltung zu erkennen.

5.7 Soziale Unterstützung und Gestaltung

Soziale Unterstützung bekommen Menschen meist aus vertrauensvollen Beziehungen im engeren Familien- und Freundeskreis, oft in Form eines klärenden Gesprächs, aus dem dann weitere Schritte folgen können, zum Beispiel der Kontakt zu einer entprechenden Beratungsstelle.

Gefühle, belastende wie befreiende, können ausgesprochen werden. Die Unterstützung hilft uns, die Wirklichkeit zu akzeptieren. Durch soziale Unterstützung und die Bedeutung, die uns dadurch zugesprochen wird, entsteht Selbstwertgefühl – das hilft, eigene Möglichkeiten zur Bewältigung zu entwickeln. Durch dauerhafte soziale Beziehungen entstehen soziale Netze. Schon der Begriff des Netzes verweist auf die Verbindungen und die tragende Funktion, je nach Dichte und Intensität der Kontakte. Soziale Netze werden tragfähig durch Offenheit und gegenseitiges Vertrauen. Die Bewältigung von Entwicklungsaufgaben und Problemen gelingt um so erfolgreicher, je stärker das Selbstbewusstsein und je tragfähiger ein soziales Netz ist. Gabi zum Beispiel hat sich auf originelle Weise Unterstützung bei der Pflege ihrer Mutter gesucht: „*Schlussendlich habe ich dann, durch die Annonce im Blättchen, doch noch Leute gefunden, die meine Mutter stundenweise für mich betreut haben.*"

Die Möglichkeiten zur sozialen Gestaltung des eigenen Lebens bilden sich durch Beziehungen, ihre Werte und durch Anerkennung der Fähigkeiten, die im Laufe des Lebens erworben werden.

Der Mensch von heute kann nicht mehr davon ausgehen, dass das Soziale für ihn geregelt ist. Das soziale Umfeld ist nicht länger durch Traditionen vermittelt – es muss gestaltet werden! Wer Kontakte will, muss selbst die Initiative ergreifen. Es wird die Aufgabe der Zukunft sein, diese Tatsache zu erkennen und Menschen zu ermutigen, die soziale Gestaltung ihrer Umwelt zu übernehmen.

Die Ergebnisse der Biographieforschung belegen, dass eine Suche nach sozialer Unterstützung, um ein Problem mit andern zu teilen, bisher nur selten thematisiert wird. Es überwiegt die Konzentration auf das familiäre Netz. Die Erfahrung aus der Landfrauenarbeit zeigt aber, dass auch die Familiennetze in den Dörfern mehr und mehr weg brechen. Aus diesem Grund ist es notwendig, nach Alternativen zu suchen. So muss die Betreuung von älteren Menschen zukünftig durch bezahlbare Hilfsangebote ergänzt werden, zum Beispiel durch Nachbarschaftshilfen in Kooperation mit Sozialstationen und Einrichtungen der Familienhilfe. Solche Systeme werden bereits verstärkt aufgebaut.

Gabis Idee bietet dafür ein Beispiel. Sie sucht kreativ nach einer Lösung, wie sie ihr Alter gestalten will: „*Ich habe keine*

Angst davor, sondern bin eigentlich zuversichtlich, dass ich da durch die Erfahrung eine gute Regelung finden kann, wenn ich das nicht verdränge. Meine Mutter hat verdrängt, dass sie krank ist, sie hat nie mit sich reden lassen, was mit ihr geschehen soll, wie sie es gerne haben wollte. Durch die Erfahrungen möchte ich das anders anpacken, ich will schon vorher zum Beispiel mit meinen Angehörigen oder mit meinen Freunden drüber reden. Wenn ich mit meinen Freundinnen zusammen sitze und wir über das Alter sprechen, im engsten Kreis, reden wir oft davon, dass wir später mal eine Alten-WG machen, dass man nicht allein in seinem Kämmerlein hockt, sondern wir gemeinsam in einem Haus oder Wohnung sitzen und uns im Alter gegenseitig unterstützen."

Unterstützung hilft uns, die Wirklichkeit zu akzeptieren und bewahrt uns vor Isolation, Einsamkeit und Überforderung. In den Ergebnissen des Forschungsprojektes wird allerdings deutlich, dass die Möglichkeit professioneller Unterstützung nur von wenigen Frauen wahr genommen wird. Höher ist die Nennung der Teilnahme an Kursen und Seminaren. Suche nach psychischer Entspannung, nach gesundheitlicher Erholung und Ausgleich kommt erst nach der Familienphase vor.

Damit der Weg in eine Beratungsstelle gefunden wird, braucht es manchmal viele kleine unterstützende Schritte im Vorfeld. Die Kath. Landfrauenbewegung hat in den letzten Jahren schon begonnen, im ländlichen Raum ein Beratungsnetz zu knüpfen, das erste Anlaufstellen für Frauen bietet, die Hilfe suchen. Für dieses Beratungsangebot werden ehrenamtliche Mitarbeiterinnen geschult und überall da angefragt, wo die Aktivistinnen der KLFB schon tätig sind. Dieses niederschwellige Beratungsangebot kann jetzt, da die Finanzierung für die nächsten Jahre geklärt ist, ausgebaut werden.

6. Die Beziehung zu Gott – Glaube als Hilfe zur Bewältigung kritischer Lebensereignisse

In der Gesellschaft, in der wir leben, treffen vielfältige Lebensformen zusammen. Wir sind zunehmend mobil und lernen andere Kulturen, Werte und Lebensweisen als die uns vertrauten kennen. Traditionelle Instanzen, die bisher Sinninhalte vorgegeben haben, verlieren an Bedeutung. Die Deutungen der christlichen Religion, die den Einzelnen durch die Erlösungshoffnung entlasteten, werden abgestreift.

Unsere Alltagsprobleme müssen wir mit unseren eigenen Einschätzungen lösen. Es wird zur Leistung des Einzelnen, Sinn zu entdecken – wir selbst müssen Deutungsmuster für das eigene Leben finden. Die neue Botschaft lautet: Ich muss mich selbst erlösen. Aus der vermeintlichen Befreiung von der Religion entsteht somit eine neue Belastung. Dies umso mehr, je mehr wir meinen, religiöse Fragen und Sinnfragen privat für uns allein beantworten zu müssen. Religiöse Sinnfragen werden zunehmend als persönliche Fragen und Zielsetzungen, nicht mehr als gemeinsame Sinnfragen angesehen.

Der österreichische Theologe Paul M. Zulehner geht davon aus, dass in jedem Menschen ein religiöses Bedürfnis lebt: das Bedürfnis nach Heil, nach Frieden und nach dem Gefühl, Eins zu sein mit der Welt.

Glauben zu erfahren heißt, die Verbundenheit zwischen Gott und Mensch zu erfahren. Glaubensfragen sind letztlich Beziehungsfragen. Das Christentum hat in der Bejahung des Einzelnen und seiner Würde zur Entstehung heutiger Kulturen wesentlich beigetragen. Seine Botschaft ist weiterhin eine große Chance, unsere Welt zu deuten, auch wenn sich diese durch die Individualisierung verändert. Orientierungen werden weiterhin in der Religion gefunden, wenn wir Gott erfahren als liebende Kraft, die in uns wirkt, uns im Mitmenschen begegnet und die uns hilft, unsere Welt zu gestalten. In den Lebensgeschichten wird der Glaube oft als Hilfe beschrieben, Verlust und Leiden zu ertragen und trotz aller Schicksalsschläge das Vertrauen in die eigenen Kräfte und in ein Gelingen der eigenen Existenz nicht zu verlieren.

Es gibt unterschiedliche Muster, die den eigenen Glauben prägen. Im Zuge der Ablösung vom Elternhaus geschieht in der Regel eine Auseinandersetzung mit der Art und Weise, zu glauben und darauf hin Glaubensweisen zu übernehmen oder selbst zu entwickeln. In den Lebenserzählungen kommt die Erfahrung des Glaubens als Weg zur Sprache. Glaube als Bekenntnis und als Grundlage im Umgang mit anderen Menschen wird hingegen kaum ausdrücklich erwähnt.

Selbstständige Formen des Glaubens können sich in Gemeinschaften entwickeln, z.B. in kirchlichen Jugendverbänden, im Kontakt mit Priestern und Laien in Pfarrgemeinden, oder bei überörtlichen kirchlichen Veranstaltungen. In der Lebensgeschichte Theresias kommt dies zum Ausdruck, wenn sie beschreibt, wie wichtig der Glaube für sie ist, als sie den Mann verliert und mit vier kleinen Kindern allein dasteht. Die Vermittlung von Sinn durch einen glaubwürdigen Seelsorger spielt dabei eine wichtige Rolle:

„Also die größte Hilfe war eigentlich der Pfarrer, der mich immer besucht hat. Er konnte mir wirklich den Sinn des Ganzen erklären. Oftmals habe ich gedacht: M u s s man eigentlich in solch schwere Situationen kommen, dass man das spüren darf? Dass man das Glück hat, diese Nähe oder diese Hilfe zu spüren?...“.

Ein tiefer Glaube beruht auf dem Verständnis, unverwechselbar und einzigartig zu sein, sich als Geschöpf Gottes zu begreifen und in sich das Schöpferische zu erkennen. Wenn wir diese Sichtweise des Glaubens ernst nehmen, ist unsere Haltung zu uns selbst und zu anderen von Würde und Achtung geprägt.

7. „Werde was du bist" – Wege zu persönlichem Wachstum

Der Kirchenlehrer Augustinus hat seine Idee vom Lebensziel des Menschen mit dem Satz formuliert: „Werde, was du bist". Diese Vorstellung vom Menschen hat etwas Tröstliches: wir müssen nicht etwas Unmögliches von uns verlangen und aus uns machen, um „richtig" zu sein, sondern wir können einfach auf das hören und dem trauen, was in uns angelegt ist. In dieser Vorstellung „Werde, was du bist" liegt Verheißung und Ermutigung, Einladung und Aufforderung. Es ist schon alles da, ich bin richtig so, wie ich bin, ich bin so gewollt, das drückt sie aus. Es ist wie ein Auftrag zu persönlichem Wachstum: ich bin einmalig, ich habe der Welt etwas zu geben durch mein Wesen, durch meine Lebenshaltung, durch meine Erfahrung.

Wie vielfältig die Wege zu persönlichem Wachstum sein können, wurde in den vorherigen Kapiteln deutlich. Wichtigste Voraussetzung scheint uns eine wertschätzende, wohlwollende Einstellung zu uns selbst. Sie gibt die Motivation und die Energie zur Veränderung, sie lässt uns an die Gnade Gottes glauben, wo die Veränderung nur mühselig gelingt, und sie bewahrt uns den Humor über unsere Versuche und Irrtümer. Diese Haltung können wir selbst einüben, durch gedankliches Training, durch den ständigen Austausch mit anderen Menschen und durch Beratung und Literatur.

In den Lebenserzählungen wird deutlich, dass wenig Gespräch stattfindet über sich selbst, über Gefühle und gegenseitige Erwartungen, über Beziehungen. Wir brauchen ein gemeinsames Nachdenken über den Alltag mit dem Ziel, ihn so zu gestalten, dass er sinnerfüllt bleibt. Wir brauchen Orte und

Räume, wo solche Gespräche in geschütztem Rahmen möglich sind. Örtliche und überörtliche Veranstaltungen können und sollen solche Räume bieten. Wir wünschen uns eine Kultur der Anerkennung und Wertschätzung, in der wir uns gegenseitig respektieren, einander nicht abwerten, um uns selbst aufzuwerten und uns nicht gleichgültig begegnen.

Wir möchten dazu aufrufen, wach zu werden für die Notwendigkeit, soziale Unterstützung zu leisten und eigene Initiativen zu gründen. Dies bedeutet, solidarisch zu sein mit den Schwachen in unseren Dörfern, die wir selbst schon morgen sein können.

Viele Lebensgeschichten legen Zeugnis ab für eine große Spiritualität der Frauen, für eine lebendige und oft lebenswichtige Beziehung zu Gott. Diese Spiritualität zu pflegen, ist eine der großen Herausforderungen in einer Gesellschaft, die so viele Ersatzangebote bereithält. Es ist eine Aufgabe der Kirche, Räume und Möglichkeiten zu schaffen, wie dieses Bedürfnis nach Spiritualität zeitgemäß und bedürfnisgerecht gelebt werden kann. Unsere eigene Aufgabe ist es, uns immer wieder neu auf die Suche zu machen nach Angeboten, die unserer Seele helfen und dafür zu kämpfen, dass es sie gibt.

Die Katholische Landfrauenbewegung, die dieses Forschungsprojekt in Auftrag gegeben hat, wird es sich zur Aufgabe machen, die Themen aus der Biographieforschung in Veranstaltungen und Maßnahmen aufzugreifen und sie in Kirche und Politik einzubringen.

Wir haben großen Respekt vor den Frauen, die ihre Geschichte erzählt haben und sich nicht entmutigen ließen, kreative Wege zu suchen, um ihr Leben in die Hand zu nehmen.

Allen Frauen war es wichtig, etwas zu lernen. Schulbildung mussten sie sich erkämpfen; sie war oft nicht in dem Maße möglich, wie es der Wissbegier der Frauen entsprochen hätte. Die Rollenbilder der Zeit standen dem Wunsch gegenüber oder ganz praktische Schwierigkeiten, z.B. im ländlichen Raum die Entfernung zur Schule zu überwinden. Jede der Frauen hat für sich Möglichkeiten zur Weiterbildung gefunden, nicht zuletzt durch Angebote von Frauenorganisationen wie die Katholische Landfrauenbewegung oder durch Bildungseinrichtungen im ländlichen Raum. Die starke Frequentierung der Angebote der Kath. Landfrauenbewegung zeigt, wie wichtig diese Angebote für Frauen im ländlichen Raum auch heute noch sind.

Für uns Beteiligte war das Projekt „Frauen fragen Frauen" eine Herausforderung und eine Bereicherung, sowohl die Anliegen unserer Arbeit bestätigt zu finden als auch neue Anregungen und Aufträge zu erhalten, Frauen im ländlichen Raum zu unterstützen.

1967

LOVE

8. Bücherliste

Anerkennen, was ist.
Gespräche über Verstrickung und Lösung.
Bert Hellinger, Gabriele ten Hövel,
1997, Kösel Verlag.
Schwierige Familienkonstellationen werden analysiert und Lösungen aufgezeigt.

Anleitung zum sozialen Lernen
für Paare, Gruppen und Erzieher.
Kommunikations- und Verhaltenstraining.
Lutz Schwäbisch und Martin Siems,
1990, rororo Sachbuch.
Hilfreiche Strategien und Methoden, die eigene Kommunikation zu verbessern und das eigene Verhalten im Umgang mit anderen zu reflektieren.

Anleitung zum Unglücklichsein.
Paul Watzlawick, 1988, Serie Piper.
Ironisches Werk mit sicheren Tipps, wie man sich durch negatives Denken in Sackgassen manövriert.

Auf der Suche nach dem verlorenen Glück. Gegen die Zerstörung unserer Glücksfähigkeit in der frühen Kindheit.
Jean Liedloff, 1977, C.H. Beck Verlag.
Ergebnisse eines Forschungsaufenthalts in einer ursprünglichen Gesellschaft des südamerikanischen Regenwaldes, der deren Umgang mit Kleinkindern dem westlichen Verhalten gegenüberstellt.

Aussöhnung mit dem inneren Kind.
Erika J. Chopich und Margaret Paul, 1990, Bauer Verlag.
Die Vorstellung vom inneren Kind will den Kontakt wieder herstellen zu dem fröhlichen, vertrauenden Kind, das jeder Mensch einmal war. Die Vorstellung vom inneren Kind ermöglicht, Selbstvertrauen und Verbindung zu den einen positiven Kräften wieder herzustellen.

Enneagramm, die 9 Gesichter der Seele.
Richard Rohr, Andreas Ebert, 1990, Claudius Verlag.
Das Enneagramm ist eine Lehre mit mehr als tausendjähriger Tradition. Sie dient dazu, die eigenen Talente, Lebensziele und Bedürfnisse zu ergründen. Gedankenmuster, Wachstumsmöglichkeiten und Ziele können so erforscht,

eigene und fremde Stärken, Schwächen und Lebenseinstellungen besser verstanden und wertgeschätzt werden.

Die Entstehung des feministischen Bewusstseins. Vom Mittelalter bis zur Ersten Frauenbewegung.
Gerda Lerner, 1998, dtv.
Umfassendes Werk. Ist nicht gegen Männer, sondern für Frauen zum eigenen Verständnis geschrieben.

Die Kunst des Liebens. Weltperspektiven.
Erich Fromm, 1956, Ullstein Verlag.
Das Buch beschreibt, welche Merkmale und Haltung wirkliche Liebe auszeichnet.

Gelassenwerden.
Hrsg. Rudolf Walter, 1996, Herder Spektrum.
Verschiedene Zugangsweisen, wie man zu einer Haltung der Gelassenheit finden kann.

Grundformen der Angst.
Fritz Riemann, 1997, Ernst Reinhardt Verlag.
Das Buch beschreibt vier unterschiedliche Menschentypen und ihren speziellen Umgang mit Angst.

Grundrechte. Ein Manifest.
Ulrich Schaffer, 1992, Edition Schaffer im Kreuz Verlag.
Hinterfragungen einiger Erziehungsleitsätze, die die Erlaubnis geben, eigene Leitsätze aufzustellen.

Herzensruhe. Im Einklang mit sich selber sein.
Anselm Grün, 1998, Herder Spektum.
Hilfen zu mehr Gelassenheit.

Kontingenzerfahrung und Sinnfrage;
Döring, Heinrich; Kaufmann, Franz-Xaver in: Christlicher Glaube in moderner Gesellschaft, Band 9, Freiburg u.a. 1981.
Wissenschaftlicher Artikel über den Zusammenhang zwischen Lebenssituationen und Sinnfragen.

Lydias ungeduldige Schwestern. Feministische Sozialgeschichte des frühen Christentums.
Luise Schottroff, WBG Verlag, Gütersloh 1994.
In diesem Buch wird die Lebenswirklichkeit der Frauen im frühen Christentum beschrieben und die Befreiungskraft der Bibel spürbar.

Menschliche Kommunikation – Formen, Störungen, Paradoxien;
Watzlawick, Paul; Beavin, Janet H.; Jackson, Don D.; 4. unveränderte Auflage, 1974 Bern u.a. (Original: New York 1967)
War jahrzehntelang das Standardwerk zum Thema Kommunikation – relativ wissenschaftlich geschrieben.

Miteinander Reden, Band 1–3.
Friedemann Schulz von Thun, 1991-99, rororo Sachbuch.
Die Bücher beschreiben Strukturen der Kommunikation und bieten Übungen an, die eigene Kommunikation zu verbessern.

Ohrfeige für die Seele. Wie wir mit Kränkung und Zurückweisung besser umgehen können.
Dr. Bärbel Wardetzki, 2000, Kösel Verlag.

Simplify your life. Einfacher und glücklicher leben.
Werner Tiki Küstenmacher mit Lothar J. Seiwert, 2002, Campus Verlag.
Das Buch will Hilfen geben, sich besser zu organisieren und dadurch das Leben zu vereinfachen.

Von Einem der auszog, das Leben zu lernen. Glaube und Selbstwerdung.

Heribert Fischedick, 1987, Kösel Verlag.

Weiblicher Narzissmus, der Hunger nach Anerkennung.

Dr. Bärbel Wardetzki, Kösel Verlag.

Das Buch beschreibt die Mechanismen der spezifisch weiblichen Form des Narzissmus, für Anerkennung alles zu tun.

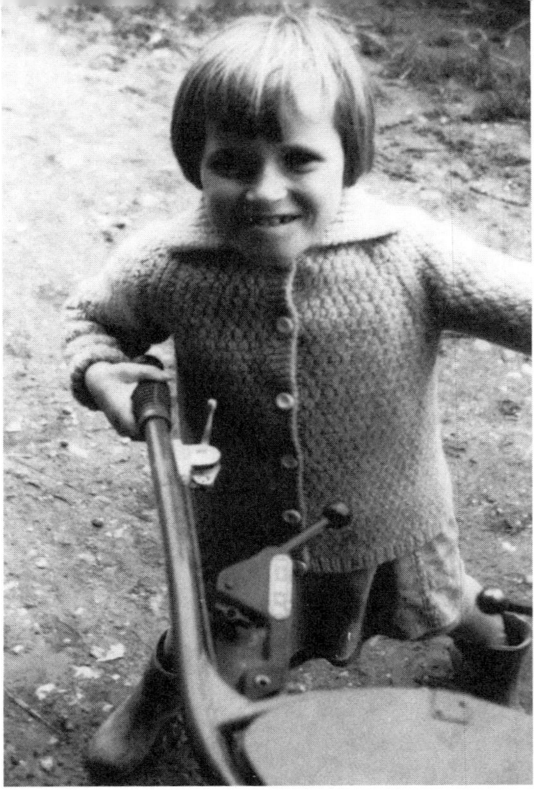

9. Glossar

Begriffe, die wir täglich gebrauchen, können für uns dennoch eine unterschiedliche Bedeutung haben. Im Sinne einer gelingenden Kommunikation wollten wir im Autor/-innenteam wenigstens sicher gehen, dass wir dasselbe meinen. Zu diesem Zweck haben wir dieses Glossar erstellt.

Abhängigkeit	Fremdbestimmt und unselbstständig
Ablösung	Selbstständig werden und sein Leben selber bestimmen lernen in Abgrenzung zur bisherigen Umgebung, zum Beispiel von den Eltern
Alltag	Die täglichen Geschehnisse, das tägliche Handeln und Erleben
Anerkennung	Wertschätzung als Person auf verschiedene Weise erfahren, durch emotionale Zuwendung, durch Lob, Belohnung
Bewältigung	Mit den Gegebenheiten umgehen können
Bewertung	Einschätzen, was gut und schlecht ist

Beziehungskultur	Entwicklung und Pflege von Verbindungen mit anderen Menschen, Gestaltung des Austauschs und Umgangs
Bindung	Eine enge gefühlvolle Verbindung mit anderen Menschen eingehen
Eigenverantwortung	Verantwortung für sich selber übernehmen, seinem eigenen Gewissen folgen
Einzigartigkeit	Einmaligkeit von jedem Menschen, der unverwechselbar und unvergleichlich ist
Empowerment	Ermutigung zum selbstständigen Handeln
Entwicklung	Fortgang und weiterer Weg
Entwicklungsaufgaben	Förderung der Selbstständigkeit auf dem eigenen Weg
Erlösungshoffnung	Hoffnung der Christen auf Erlösung von irdischem Leid in einem jenseitigen Leben. Diese Hoffnung entbindet jedoch nicht von der Verantwortung für die Gestaltung des diesseitigen Lebens

Erwartungen	Sich etwas erhoffen, von einem Menschen, von einer Gruppe, von einer Einrichtung, vom Staat. Die Frage ist, an wen sich die Erwartung richtet. Richtet sie sich an einen Menschen als Person, so bedeutet Erwarten in Bezug auf Gefühle: Ich erwarte von dir, dass du dich zu mir positiv verhältst. Richtet sie sich an einen Menschen in Bezug auf Leistung: Ich erwarte von dir, dass du etwas erbringst. In Bezug auf gemeinsame Aktivitäten: Ich erwarte von dir, dass du mitmachst
Fähigkeiten	Handlungsmöglichkeiten und Kompetenzen
Flexibilität	Umstellungsfähigkeit
Frieden	Dauerhafter Ausgleich
Gespräch	Austausch über Erlebnisse, die dadurch noch einmal erlebt und bedacht werden, auf diese Weise entstehen brauchbare Erfahrungen
Gestaltung, soziale	Aktive Kontaktaufnahme mit anderen Menschen und Initiative für die Gemeinschaft

Glaube	Verbindung mit dem Heiligen und spüren, was über die eigene Erkenntnis hinaus geht
Heil	Unzerstörbare Ganzheit
Honeymoon	Wenn zwei 65 jährige durch dieses Projekt neue Dimensionen des Lebens entdecken
Hören/ aktives Zuhören	Wahrnehmen, wie und was der Andere spricht und dies innerlich nachvollziehen
Kommunikation	Austausch mit anderen Menschen durch informieren, mitteilen und verstehen
Komplexität	Vieles wirkt gleichzeitig zusammen
Konflikt	Zusammenstoß widerstreitender und gegensätzlicher Kräfte
Krise	Wendepunkt, zugespitzte Situation im Konfliktfall
Lebenserzählung	Freie Erzählung der eigenen Lebensgeschichte

Lebensgestaltung	Selbstbestimmte Führung des Zusammenlebens
Lebenswelt	Das unmittelbare Leben eines Menschen, was darin zugleich alles wirkt und wie es von verschiedenen Seiten beeinflusst wird
Leistungsdenken	Orientierung an Maßstäben, um die Wirksamkeit von Handlungen einzuschätzen
Menschsein	Sich seiner selbst bewusst sein und sein Dasein in Beziehung mit anderen Menschen wahrnehmen
Nähe und Distanz	Begriffe zur Beschreibung des Abstandes zum anderen Menschen
Netzwerke, soziale	Verbindungen mit anderen Menschen, die zum Austausch, Hilfe und Unterstützung benutzt werden
Problem	Aufgabe, die zur Lösung ansteht
Reflektion	Nachdenken, überlegen, sich auseinander setzen mit Veränderungen

Regeln Übereinkünfte, die für das Zusammenspiel oder Zusammenleben getroffen werden

Religion Verbindung mit dem unbekannten Göttlichen, Sinnsuche in Verbindung mit Wegen zum Heiligen. Religion ist die Antwort auf das Unfassbare

Ressourcen Eigene Fähigkeiten und Möglichkeiten, um den Herausforderungen des Lebens gewachsen zu sein

Rolle Übernahme von Erwartungen, wie in einer bestimmten Weise zu handeln ist, zum Beispiel als Mutter oder Vater

Selbstachtung Haltung der Achtung vor sich selbst, die man den eigenen Gefühlen, Grenzen, dem eigene Wesen entgegenbringt

Selbstbeschämung Entsteht aus Selbstbeschuldigung. Man schämt sich dafür, wie man ist

Selbstbeschuldigung Man beschuldigt sich selbst für vermeintliches und echtes Versagen

Selbstbestimmung Sich selbst führen und entscheiden, was der Mensch selbst braucht in Abstimmung mit anderen Menschen seiner Umgebung

Selbstbild Wie man von sich selbst denkt, dass man ist

Selbstschutz Bewusstsein der eigenen Möglichkeiten, sich vor grenzüberschreitendem Verhalten anderer schützen zu können

Selbstständigkeit Eigenständig handeln, selber etwas in Angriff nehmen

Selbstwerdung Persönlichkeit, zu der man wird, im Bewusstsein der eigenen Unverwechselbarkeit

Selbstwertgefühl Anerkennen seines eigenen Könnens, Wertschätzung und Anerkennung des Eigenen im Umgang mit anderen Menschen

Sinn- und Wertebildung/Sinngebung Entstehung von Orientierungen im Austausch mit anderen Menschen

Sinn Richtungsweisende Bedeutung im Umgang mit anderen Menschen, im Umgang mit Aufgaben und wie Zeit genutzt wird

Solidarität Gemeinschaftliche Unterstützung anderer Menschen und/oder Zusammenschluss mit anderen, um gemeinsame Interessen zu verfolgen

Subjekt Das eigene Sein als Mensch im Unterschied zum Objekt

System Vielfache Verbindungen in einer Ganzheit, die nach außen sich von anderen Systemen unterscheidet und abgrenzt

Tradition Überlieferung, gewohnheitsmäßiges Verhalten

Verbindungen, Verbundenheit Herstellen von Beziehungen und Zusammenschluss mit anderen Menschen in Zusammenleben

Vertrauen Einem anderen Mensch offen mitteilen, was einen bewegt und ihn so einbeziehen, dass er Gewissheit für die Beziehung erhält

Vielfalt	Unterschiedliche Erscheinungen kommen gleichzeitig zusammen
Werte	Bestimmung von Orientierungen, richtungsweisende Vorgaben für das, was als wichtig eingeschätzt wird
Wirklichkeit	Dasein in einer umgebenden Welt
Zuwendung	Gefühlsmäßige Anteilnahme an Anderen, bei dem ich mich ganz auf den anderen Menschen einlasse